Romantic City in FT Islands

Welcome To GOLDEN GOOSE Avenue

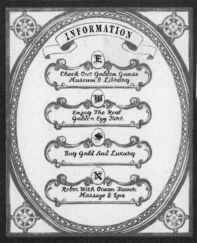

INFORMATION

Check Out Golden Goose Museum & Library

Enjoy The Real Golden Egg Tart.

Buy Gold And Luxury

Relax With Ocean Tower Massage & Spa

GODEX DAYS

Dorothy Fashion Shoe

OPEN   DAIRY

Jin

ARE YOU READ

BANK G

BEST OF THE BEST

TOP BOX OFFICE

HOLLY WO

Golden Cinema Town

WINNERS

Golden goose Main St. 97-1   For your Dress

Madame Soo & Co

TDEX

I Love GOLDEN GOOS

Department sto

This Store Iss

J.M.LE

Celebrity Sign
May 3

NOW SHOWING
MB DASVADER
WHO OWNSDAS?

GOLDEN GOOSE THEATER

COMING SOON
BESIDE NO. 503
GAKADAS

Golden goose St. 599

HOTEL
N & OLIVIA

GOLDEN GOOSE THEATER

STREET
GOLDEN GOOSE

GOLDEN GOOSE

WEST PLAZA

Souvenir &

GOLDEN GOOSE

EAST PLAZA

JIMIN'S ANSER ACETABULA

BEST OLD BOOK STORE
FRANKLIN
SINCE 579

IPSUM DELECTAMENTUM

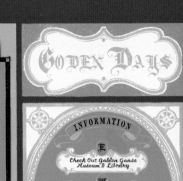

GOLDEN DAYS

INFORMATION

Check Out Golden Goose
Museum & Library

Enjoy The Real
Golden Egg Tart

Buy Gold And Luxury

Relax With Ocean Touch
Massage & Spa

Best Romantic City in FT Islands

Welcome To GOLDEN GOOSE Avenue

JIMIN'S ANSER ACETABULA

Souvenir ★ Excalibur

SOUVENIR SHOP

G GOLD

Mushroom Ketchup

BANK OF GOLDEN GOO

CAFE DE LEONARD

OFFEE & TEA & WINE & FOOD ★

JOIN US

Flamingo Golf Club

IPSUM DELECTAMENTUM

Dorothy

©백연옥, 이지민

THE OLD BOOK
RANKLIN
STORE

Madame Soo & Co

Welcome to
G.G

THE ART OF
레드슈즈

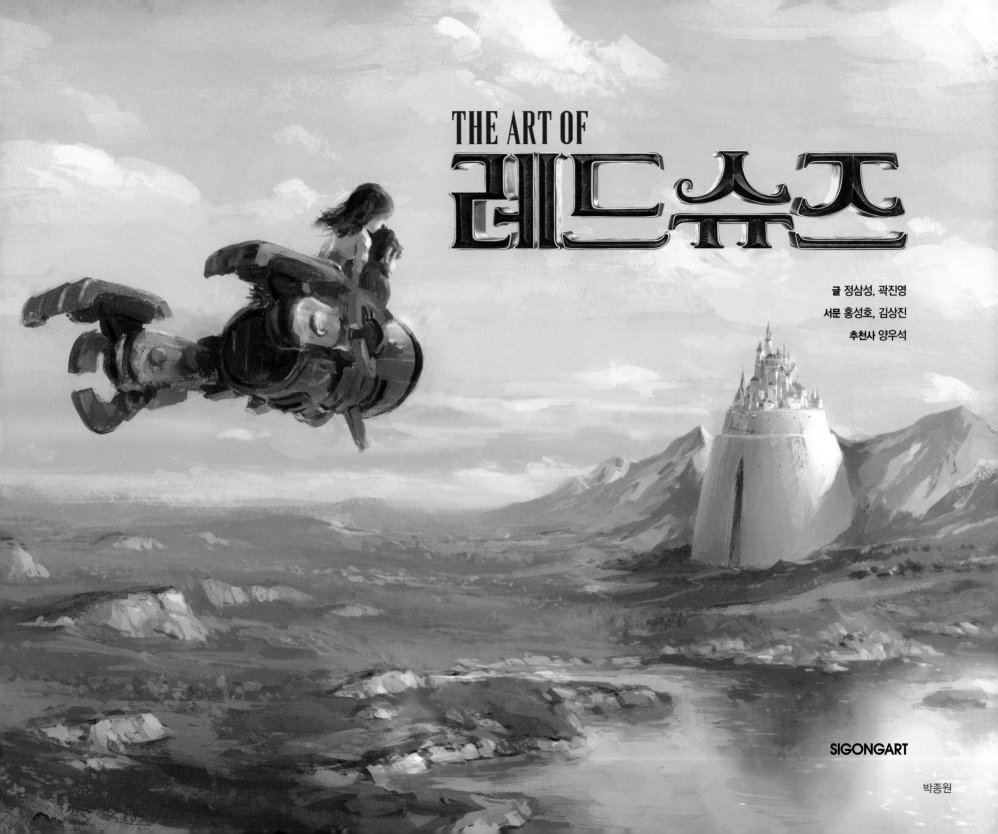

THE ART OF
레드슈즈

글 정삼성, 곽진영

서문 홍성호, 김상진

추천사 양우석

SIGONGART

박종원

감독·각본 홍성호   제작 김형순

비주얼 디벨롭먼트

캐릭터 디자인 슈퍼바이저	김상진	
미술감독	정치열	이석기
디자이너	전미진	최민정
	백연옥	백창래
	위현송	김용남
	이지민	김향림
	박종원	
참여 디자이너	정운영	
	Rémi Salmon	

애니메이션

애니메이션 감독	김상진	
애니메이션 슈퍼바이저	한언덕	
애니메이션 슈퍼바이저(해외)	Jorge A. Capote	
리드 애니메이터	김대훈	심우엽
	정철민	이주영
	정차진	
애니메이터	이맑음	전민석
	박선혜	길민선
	홍지수	오현주
	김대학	오준헌
	이도현	이윤신
	김도연	송진섭
	유정윤	김경민
	최수현	최대식
	김경호	김정운
	김지웅	이동근
	노재현	박규현
	김종호	문한설
	조환제	박준형
레이아웃 어드바이저	전용덕	

스토리 디벨롭먼트

공동감독	장무현	엄영식
각색 작가	정삼성	
스토리보드 작가	김다희	정아름
	신아란	박선열

모델링

모델링 슈퍼바이저	이진용	
리드 모델링 아티스트	이인우	박정우
모델링 아티스트	김기표	황은혜
	이혜미	하지향
	김아영	한승훈
	이준호	정미미
	최주원	정기혁

라이팅

라이팅 슈퍼바이저	최돈민	
리드 라이팅 아티스트	송주현	전현규
	이재영	김원호
	이권용	
라이팅 아티스트	민정애	이섬희
	엄기영	하호준
	장한나	전혜림
	강혜운	김홍성
	박윤서	송윤지
	신재훈	이은정
	김예리	이현동
	이윤후	이승아
	황지연	안소영
	우현지	이희섭
	정세현	김예진
	이소현	윤소희
	윤중조	허민
	정윤희	

룩 디벨롭먼트

룩 디벨롭먼트 슈퍼바이저	최돈현	
리드 룩 디벨롭먼트 아티스트	송주현	김원호
룩 디벨롭먼트 아티스트	민정애	이섬희
	엄기영	하호준
	장한나	전혜림
	강혜운	이권용
	허민	정윤희

렌더링

렌더링 아티스트	이인우	김기표
	황은혜	이혜미

이펙트

이펙트 슈퍼바이저	구본민	박인혁
이펙트 아티스트	박성현	김덕래
	이기헌	김세별

합성

합성 슈퍼바이저	장윤석	
합성 아티스트	조진희	오유민
	정영훈	장다윤
	여주현	

입체

입체 슈퍼바이저	이진영	
리드 입체 아티스트	이민건	

캐릭터 테크니컬 디렉터

캐릭터 TD 슈퍼바이저	이경득	
리드 캐릭터 TD	김인	
	이용하	
	조현준	
캐릭터TD	이상헌	김성록

캐릭터 시뮬레이션

캐릭터 시뮬레이션 슈퍼바이저	이경득	
리드 캐릭터 시뮬레이션 아티스트	김인	
	이용하	
	조현준	
캐릭터 시뮬레이션 아티스트	장해찬	장경선
	이상헌	변설화
	김지연	박현정
	김세별	김성록

기획·제작

프로듀서	황수진	
라인 프로듀서	고윤아	
프로덕션 코디네이터	노우택	한세영
	김동원	오성준
포스트-프로덕션 프로듀서	최성필	
프로덕션 참여	김준석	김누리
	하정연	차지현
	이주선	최상효

배급·마케팅

배급 마케팅 책임	임현지	
배급 마케팅 지원	곽진영	

캐릭터 사업

캐릭터 사업 책임	김소연	김근용

정치열

추천사

뒤바뀐 운명을 맞이한
레드슈즈와 일곱 난쟁이

전미진

관객들은 한 편의 영화를 보는 데 보통 두어 시간 정도를 쓴다. 영화를 관람한다는 것은 즐거운 경험이지만, 생물학적 관점으로 볼 때 꼼짝하지 않고 가만히 앉아 스크린만 바라본다는 것은 쉽지만은 않은 일이다. 호모 사피엔스인 인류를 제외한 다른 생명체들은 한 자세로 앉아 있다는 것 자체만으로 충분히 고문이라고 느낄 수 있다.

그러나 우리 대다수는 극장에 앉아 두 시간여 동안 스크린을 쳐다보면서 희로애락의 온갖 감정의 격동을 느끼는 것은 물론이고, 나아가 내일을 살아갈 수 있는 새로운 활력을 찾아 나서게 된다. 영화 감상은 이제 취미를 뛰어넘어 일상의 면면이 되었다. 어쩌면 이것이 우리 호모 사피엔스의 가장 큰 특권이라고도 할 수 있다.

우리가 극장 혹은 TV 앞에서 한 작품을 감상하는 데는 또 다른 이유가 있다. 관람자는 고작 두어 시간 정도를 투자해서 재미와 감동을 얻는 것 외에도 그 작품을 만들어 낸 모든 제작진의 땀과 노력을 '영화'라는 결과물로 압축해서 경험할 수 있기 때문이다. 《레드슈즈》는 수백 명의 아티스트가 수십 개월 이상의 긴 시간 동안 노력을 경주한 뛰어난 작품이다. 영화 속의 1초는 순식간에 지나가지만 그 1초를 위해 아티스트들은 최소 1개월에서 때로는 훨씬 더 긴 시간 동안 땀과 노력을 들였다. 그 결과물이 이 영화다. 대한민국 최고의 애니메이션 아티스트들의 결과물을 가장 오래 간직할 수 있는, 그리고 보다 자세히 들여다볼 수 있는 것이 아트북 『THE ART OF 레드슈즈』다.

《레드슈즈》는 20여 년간 디즈니에서 커리어를 쌓은 김상진 디자이너가 캐릭터 디자인을 진두지휘함으로써 대한민국 애니메이션 수준을 세계적인 수준으로 끌어올렸다고 자신한다. 물론 모든 아티스트의 열정과 노력이 깃들어 있다. 그들이 고민하고 축적해 온 결실이 곳곳에 녹아 있다. 전체 연출을 맡은 홍성호 감독과 수백 명의 제작진은 무려 10여 년에 걸쳐 이 작품을 살아 움직이게 했다.

그들이 창조해 낸 동화 세계 이면의 재미난 면면을 우리는 영화와 책으로 확인할 수 있다. 《레드슈즈》에 참여한 모든 작업자의 노고에 커다란 격려와 깊은 감사의 박수를 보낸다.

영화감독 양우석(《변호인》, 《강철비》)

나에게 《레드슈즈》는 성장에 대한 이야기다. 남자 주인공 '멀린'은 뛰어난 외모, 멋진 능력으로 모두의 사랑을 받았지만 실은 철없고 이기적인 미완성 인물이었다. 내가 가장 좋아하는 장면인 헛간에서 두 주인공이 깔깔대며 이야기를 나누다 레드슈즈의 마음이 조용히 그에게 가까워지는 순간에도 멀린은 레드슈즈를 자신의 저주를 풀어 줄 존재로만 보는, 얄밉기까지 한 주인공이었다. 《레드슈즈》는 그런 멀린이 진짜 소중한 것을 알게 되는, 성장에 대한 이야기다.

싸이더스에게도 그렇다. 스튜디오의 첫 번째 애니메이션을 전 세계를 대상으로, 한국에서는 유례없는 규모로, 그것도 순수 한국 인력으로 제작한다고 했을 때 무엇 하나 현실적으로 들리지 않았다. 10년의 시간이 걸렸지만 그 꿈은 이루어졌고, 제작에 참여했던 아티스트들과 싸이더스는 크게 성장했다. 물론 희생도 많았고 갈등과 고민도 많이 있었다.

『THE ART OF 레드슈즈』에는 영화 제작 과정의 무수히 많은 고민이 담겨 있다. 다양한 스토리, 캐릭터 디자인, 배경 디자인은 오랜 시간 여러 아티스트가 고민하고 창작한 흔적이다. 그래서 이 책은 《레드슈즈》에 참여한 아티스트들을 위한 헌정인 동시에 한국 애니메이션의 새로운 장을 위한 중요한 기록물이 된다.

독자들이 이 책을 통해 《레드슈즈》의 감동을 오래 간직하고 새로운 즐거움을 얻기 바란다. 개인적인 바람이라면 90분짜리 애니메이션 한 편이 누군가에게는 평생의 꿈이자 10년의 시간을 들일 만큼 고되고 힘든 과정이었다는 사실이 조금이라도 전달되었으면 한다. 아티스트들에게는 큰 격려가 될 것이고, 앞으로 더 좋은 애니메이션이 나올 수 있는 밑바탕이 될 것이기 때문이다.

제작 기간의 절반은 아트 팀, 남은 절반은 애니메이션 팀과 보냈다. 평생 기억에 남는 시간과 추억이었다. 어엿한 아티스트로 성장한 그들에게 큰 자부심과 감사를 느낀다. 영화에 참여한 모든 제작진에게는 존경의 말을 전한다. 한국에서 한국 아티스트들과 애니메이션을 제작한다는 것은 나의 오랜 꿈이었다. 여러 어려움도 있었지만 스튜디오는 언제나 에너지로 가득했고, 특별한 작품에 참여한다는 생각에 모두 행복했다. 독자 여러분도 함께 느껴 주셨으면 바란다.

마법 같은 순간이었다. 지금까지도 그렇다. 이 마법이 영원히 깨지지 않기를!

《레드슈즈》캐릭터 디자이너 & 애니메이션 감독 김상진

서문

나는 광고에서 CG로 영상을 더 멋지고 보다 아름답게 만드는 일을 했다. 꽤 오랫동안 했고, 나름 잘한다는 평가도 받았다. 그러나 언젠가부터 일이 무료하게 느껴졌다. 가슴 속에 나도 모르는 의문과 갈증이 자리 잡았다. 1995년 겨울, 지금은 사라진 강남의 한 극장에서 《토이 스토리 1》을 봤다. 컴퓨터로 만들어진 CG가 연기를 하고, 이야기를 만들고, 감동을 주었다. 그때였다. 막혔던 무언가가 사라지는 기분을 느꼈고, '바로 이거야! 내가 이런 걸 만들어야 해!' 하는 생각이 들었다.

그로부터 24년이 지났다. 1995년에 《토이 스토리 1》로 시작한 픽사 스튜디오는 《벅스 라이프》(1998), 《니모를 찾아서》(2003), 《인사이드 아웃》(2015) 등을 거쳐 2019년에 21번째 작품인 《토이스토리 4》를 발표했다. 싸이더스 스튜디오의 첫 번째 장편 애니메이션 작품인 《레드슈즈》의 개봉 한 달 앞이었다. 픽사가 스물한 개의 작품을 만드는 동안 우리는 단 하나의 작품만을 세상에 내놓을 수 있게 되었다. 숫자로만 비교한다면 말할 수 없는 차이지만 《레드슈즈》가 갖고 있는 의미는 그리 단순하지 않다. 감독 개인으로서의 의미만이 아니라, 이 작품에 참여한 수많은 사람들과 우리가 몸담고 있는 한국 애니메이션계에도 여러 의미를 지닌다.

《레드슈즈》는 제작비 규모, 작품 스타일, 프로덕션 팀 구성 등 모든 것이 지금까지 대한민국에서 한 번도 시도된 적이 없는 규모와 목표를 지닌다. '최초의 시도'는 곧 '계획대로 되는 것이 하나도 없다'는 말이다. 우리 제작진은 걸음마를 배우는 아이처럼 92분이라는 영화의 긴 여정을 조금씩이나마, 때로는 뒷걸음질을 치더라도 결국 앞으로 나아가게 했다. 프로덕션 도중에 발생하는 예상하지 못한 기술 장벽과 파이프라인의 부재, 인력과 예산 부족 등. 아주 작은 문제 하나까지도 커다랗고 단단한 돌부리였다.

2015년, 본격적인 작품 제작을 위해 성수동 한 건물에 애니메이션 스튜디오를 꾸렸다. 하지만 시나리오에 확신이 없었다. 서울의 운치 있는 풍경이 우리에게는 조금도 아름답게 보이지 않았다. 백설공주 이야기를 모티프로 하고 어떤 장치 때문에 외모가 변한 주인공이 진정한 사랑을 찾는다는 기본 줄거리는 있었지만, 누가 왜 그를 사랑하는가와 누가 아름다운가에 대한 답을 찾을 수 없었다. 이야기를 만들수록 《슈렉》(2001)과 《내겐 너무 가벼운 그녀》(2001)의 결말을 벗어나지 못하는 것 같아 답답하기만 했다. 펄에 빠져 옴짝달싹 못하고 있는데 물이 점점 차오르는 것 같은 느낌이었다.

하루에도 몇 번씩 '거울아, 거울아, 세상에서 누가 제일 아름답지?'라는 질문의 답을 찾기 위한 치열한 스토리 회의를 했다. '스노우'의 설정을 논하던 어느 날이었다. 누군가 스노우는 품위, 선함, 고결함 같은 외모 조건을 넘어서는 매력을 가져야 한다는 이야기를 했다. 스노우는 다른 동화 속 공주들 같은 외모가 아니니 대신 다른 무언가를 갖게 하려는 의도였다. 그 순간, 그토록 찾던 답의 실마리를 찾은 기분이었다.

외모가 특별하지 않으면 내면이 아름다워야 사랑받을 수 있나? 그것조차 우리가 가진 편견이자 옳지 않은 강요라는 생각이 들었다. 그렇게 내가 정말 하고 싶은 이야기가 무엇인지 깨달았다. 내가 사랑하는 사람의 있는 그대로가 가장 아름답다는 것이었다. 이후로 스노우는 '공주'라서, '괜찮은 사람'이어서, '내면의 아름다움'을 지녀야 해서와 같은 수식을 모두 버렸다. 그리고 꾸밈없이 솔직하고, 마음이 이끄는 대로 행동하는 진정성 있는 캐릭터로 완성되었다. 다른 설정들도 풀려 나가기 시작했다. 스노우와 달리 멀린을 포함한 일곱 난쟁이, 그리고 레지나는 외모가 최고의 미덕이라고 여기는 인물들이다. 그들은 다른 사람들도 그럴 것이라고 단정 짓고 행동함으로써 이야기를 위기로 이끈다. 특히 남자 주인공 멀린은 영화 시나리오 법칙의 반대편에 서 있어, 관객의 예상을 배반하는 인물이다. 관객이 원하는 이상형, 혹은 우리가 마음속으로 바라는 남자 주인공의 캐릭터와는 거리가 있다.

멀린은 자신을 향한 스노우의 감정이 특별하다는 것을 알게 된 후에도 오직 저주 풀기에만 관심을 둔다. 얄밉기도 하지만 결국에는 소중한 것을 깨닫는다. 그의 저주 깨기는 왕자의 외모를 되찾는 것이 아니라 편견에서 벗어나는 데 있을 수도 있다. 우리들도 이와 같은 저주에 걸려 있지는 않을까? 멀린을 통해 이것을 말하고 싶었다.

사람은 모두 완벽하지 않다. 누군가가 꿈꾸는 이상형도 아니고, 특별한 조건을 갖고 있지도 않다. 보다 평범하고, 조금은 부족하다. 그럼에도 누군가의 눈에는 사랑스럽고, 아름다운 사람이다. 『THE ART OF 레드슈즈』에는 완성도 높은 영상만이 아니라 우리의 메시지를 진실하게 전달하기 위한 싸이더스 스튜디오의 열정과 노력이 담겨 있다.

10년이라는 긴 개발 기간을 가진 만큼 이야기는 수없이 바뀌었고, 설정과 캐릭터도 마찬가지였다. 그때마다 버려질 수밖에 없는 아티스트들의 아트워크 하나하나가 너무도 아깝고 미안했다. 그들의 눈부신 수고가 빛을 보지 못하는 게 아쉬웠다. 아트북을 통해 공개할 수 있게 되어 큰 감사와 다행을 느낀다. 영화에는 나오지 않지만 그 무수한 선들이 새로운 동화를 탄생시켰다.

'계획대로 된 것이 하나도 없다'라고 했지만 가장 중요한 하나는 계획대로 되었다. 작품을 완성시키는 것이다. 단순하지만 실천하기 정말 어려운 계획이었다. 끝내 이를 달성한 모든 아티스트와 스태프에게 깊은 존경과 감사의 박수를 보낸다.

걸음마부터 시작했기에 숱하게 다치고 쓰러졌다. 걷고 뛰기까지 흘려야 했던 피와 땀이 이 책에 담겨 있다. 환희의 순간들도 있겠지만 고통의 순간들도 있다. 그 전부가 모여 《레드슈즈》가 세상에 나올 수 있었기에 영광의 시간이었다고 말하고 싶다. 이 책은 그 소중한 장면들을 기록하고 촬영하여 만들어 준 사진첩처럼 느껴진다. 나에게는 무엇보다 큰 선물이다. 애니메이션을 사랑하는 독자 여러분에게도 큰 선물이 되기를 바란다.

《레드슈즈》 감독 & 각본 홍성호

PART 1

동화
새롭게
보기

최민정

자신의 진짜 모습을 숨긴 일곱 난쟁이와 레드슈즈
지금부터 그들의 로맨틱한 모험이 시작된다!

줄거리

여기 여러 동화 속 주인공들이 더불어 살아가는 '동화나라'가 있다. 왕자와 공주가 넘쳐
나는 이곳 동화나라에서도 가장 유명한 일곱 명의 왕자가 있다. 사람들은 이들을 일컬
어 '꽃보다 일곱 왕자', 일명 '꽃세븐'이라고 부른다. 꽃세븐은 저마다 뛰어난 능력으로
위기에 처한 동화나라의 수많은 공주를 구했다. 잘생긴 외모에 뛰어난 능력까지 갖추
었기에 이들의 인기는 하늘 높은 줄 모르고 치솟았다.

언제나처럼 위기에 빠진 공주를 용감하게 구해 낸 꽃세븐. 그러나 고개를 든 요정 공주
의 겉모습만 보고 자신들이 마녀를 구한 것으로 착각하고는 큰 모욕을 주고 만다. 분노
한 요정 공주는 꽃세븐에게 다른 사람의 시선이 닿으면 '녹색 피부의 난쟁이'로 변하는
저주를 내린다. 이 끔찍한 저주를 풀 수 있는 방법은 단 하나, 세상에서 가장 아름다운
공주의 키스를 받는 것이다. 하지만 예전의 모습은 사라지고 못생긴 난쟁이로 변한 그
들의 사랑을 받아 주는 공주는 어디에도 없었다.

한편 용감하고 정의로운 화이트 왕국의 공주 스노우는 갑자기 사라진 아빠 화이트왕을
찾느라 분주한 가운데 우연히 계모 레지나의 마법 구두를 신게 된다. 이 구두는 레지나
가 영원한 젊음과 아름다움을 갖기 위해 만든 마법의 빨간 구두였다. 구두를 신은 스노
우는 전형적인 공주 외모로 변한다. 이 사실을 안 레지나가 스노우를 뒤쫓지만 간신히
도망에 성공한다. 숲으로 간 스노우는 사람들을 피해 숲에 숨어 사는 일곱 난쟁이를 만
난다.

빨간 구두를 신은 스노우를 본 일곱 난쟁이는 마침내 아름다운 공주를 만났다고 생각
하여 기쁨을 감추지 못한다. 스노우는 난쟁이들에게 자신을 '레드슈즈'라고 소개한다.
저주를 풀고 원래의 모습으로 돌아가고 싶어 혈안이 된 일곱 난쟁이는 레드슈즈의 환
심을 사기 위해 최선을 다한다. 스노우는 경쟁적으로 자신을 도와주려는 일곱 난쟁이
의 과도한 친절이 의아하지만 도움을 받기로 한다. 그리고 이들은 함께 화이트왕을 찾
기 위한 여행, 일곱 난쟁이의 저주를 풀기 위한 여정을 떠난다.

《레드슈즈》에만 있다!

동화 『백설공주』 다시 보기

《레드슈즈》의 원전은 너무나도 유명한 동화 『백설공주』다. 모든 사람이 알고 있는 동화를 색다른 주인공들과 그들이 겪는 모험 이야기로 유쾌하고 현대적으로 재해석해 낸 것이 이 영화다. 어린 시절 재미있게 읽었던 『백설공주』를 어른이 되어 다시 읽어 보면 여러 가지 의문점이 생긴다.

사냥꾼과 일곱 난쟁이는 왜 백설공주를 도와주었을까? 백설공주가 혼자서 할 수 있는 일은 아무것도 없었을까? 일곱 난쟁이는 정말 백설공주에게 아무 대가도 바라지 않았을까? 마녀의 거울이 백설공주를 세상에서 가장 아름다운 사람이라고 말한 기준은 무엇일까?….

《레드슈즈》는 이런 질문들에서 시작되었다. 그리고 영화에서 관객들은 저마다의 이유를 갖고 행동하는 동화 속 주인공들의 다양한 모습을 볼 수 있다. 원작의 다소 평면적인 캐릭터들은 예측 불가능하고 개성 넘치는 캐릭터들로 바뀌었다. 《레드슈즈》의 주인공 스노우(원전의 백설공주)는 당차고 정의로우며 강인하다. 외모뿐 아니라 성격까지 백설공주와 완전히 다르다. 또한 백설공주에게 무조건적으로 헌신하던 난쟁이들도 정반대의 모습으로 등장한다.

《레드슈즈》는 『백설공주』를 비롯하여 여러 동화에서 모티프를 가져왔다. '뛰어난 능력과 완벽한 외모를 갖춘 일곱 왕자'와 '평범한 공주 스노우'가 각자 저주와 마법으로 전혀 다른 외모를 얻는다. 더 이상 미남이 아닌 일곱 왕자는 바뀐 외모로 저주를 풀어야 하고, 아름다운 외모를 갖게 된 스노우는 자신의 진짜 모습을 고백해야 한다. 이들이 겪는 유쾌한 소동과 성장을 통해 현대 사회의 외모 지상주의에 일침을 가한다.

대한민국에서 제작한 애니메이션

《레드슈즈》는 국내 인력과 기술로 만들어 낸, 3D 장편 애니메이션이다. 제작사인 싸이더스SIDUS는 그동안 《타짜》(2006), 《살인의 추억》(2003), 《봄날은 간다》(2001) 등과 같은 굵직한 한국 영화를 만들어 왔던 영화 투자 제작사다. 또한 대한민국의 대표적인 TV 광고 포스트-프로덕션이자 유명 국내외 게임의 시네마틱 트레일러를 제작하는 VFX/CGI 애니메이션 전문 기업이기도 하다.

이처럼 오랫동안 다양한 분야에서 지식과 경험을 쌓아 온 싸이더스 애니메이션 스튜디오 제작진들이 저마다 3년에서 10년 동안 오롯이 《레드슈즈》 작업에 매달렸다. 장장 250여 명에 달하는 국내 제작진에 디즈니, 드림웍스 등에서 일한 해외 인력들까지 모였다. '대한민국에서도 세계적인 명성의 메이저 스튜디오 못지않은 애니메이션을 만들고 싶다'는 하나의 염원 때문이었다.

그리고 《라푼젤》(2010), 《겨울왕국》(2013), 《모아나》(2016)와 같은 우리에게 친숙한 애니메이션 영화를 만든 디즈니 출신 김상진 디자이너를 비롯하여 대한민국 최고의 애니메이션 전문가들이 참여했다. 장편 창작 애니메이션 제작에 들어간 시간과 인력, 투자 규모 면에서 《레드슈즈》는 대한민국 3D 애니메이션의 새로운 시작을 알리는 작품이다.

김상진

들어가며

우리의 세상을 꿈꾸다

최민정

《레드슈즈》는 대한민국의 애니메이션 스튜디오인 싸이더스가 만든 순수 창작물이다. '픽사'나 '디즈니' 혹은 '지브리'와 비교하자면 조금은 낯선 이름일 수도 있다. 하지만 싸이더스는 세계적으로 유명한 어느 애니메이션 스튜디오 못지않게 뛰어난 기술과 우수한 인력을 지니고 있다. 그것의 반증이 《레드슈즈》다.

시작은 '꿈' 하나였다. 1980년대부터 1990년대 초까지 CG computer graphics가 영화에 사용되기 시작하면서 무엇이든 할 수 있고, 될 수 있는 무한한 가능성의 세계가 열렸다. 많은 사람이 기술을 통해 상상을 구현할 수 있는 세상이 왔음에 열광했다. 그러나 아직은 인간의 감정을 담고 자연스럽게 표현하는 데 한계가 있었다.

그때 《토이 스토리 1》이 나타났다. 최초의 풀 3D 장편 애니메이션 영화였다. 모든 장면이 CG로 만들어진 애니메이션이지만 생생한 캐릭터들의 연기에 전 세계 사람들이 울고 웃었다. 명령어와 스크립트로 만들어진 그래픽이 사람의 마음을 움직인다? 관객과 애니메이션 종사자 모두에게 커다란 충격이었다.

그리고 이어진 질문 하나. "왜 그들은 할 수 있고, 우리는 할 수 없는 것일까? 혹시 안 하는 건 아닐까?" 스스로 '우리는 할 수 없다'는 편견에 사로잡혀 있는 건 아닐까 깊이 고민했던 사람들이 현재 싸이더스(로커스는 2019년 5월 19일부터 모든 제작 콘텐츠의 브

랜드명을 자회사인 '싸이더스'로 통일해 표기하기로 했다)의 창립 멤버들이다. 《레드슈즈》의 연출을 맡은 홍성호 감독도 그중 한 사람이다. "CG로 사람들에게 감동과 의미를 줄 수 있는 작품을 만들고 싶다는 꿈, 모든 것은 거기에서 시작되었다."

2009년에 대한민국 1세대 CG 아티스트인 홍성호 감독과 김형순 대표가 싸이더스를 설립했다. 여기에 《변호인》(2013)을 연출한 양우석 감독이 합류했다. 3D 애니메이션, 특히 장편 애니메이션은 창작력, 기술력, 제작 기반이라는 세 축이 유기적으로 맞물려 돌아가야 한다는 점에서 세 사람의 만남은 필연이었다. 이후 20여 년간 디즈니에서 커리어를 쌓은 김상진 디자이너가 합류했다.

애니메이션 관련 일을 꿈꾸는 대한민국의 우수한 인재들은 해외로 향한다. 국내에서는 장편 애니메이션을 만들 수 없다고 생각해서다. 장무현 공동감독/CG 슈퍼바이저도 어느 정도 공감한다. "과거에는 그랬을 수도 있다. 그러나 상황이 바뀌었다. 좋은 인재들이 많기 때문에 디즈니를 비롯한 세계적인 스튜디오들과 견줄 만한 뛰어난 작품을 만들 수 있다. 하지만 싸이더스의 목표는 거기에서 멈추지 않고 더 좋은 스튜디오를 만들어 가는 것이다."

상상을 현실로 만들어 가다

《레드슈즈》 프로젝트는 2010년 대한민국 스토리 공모대전에서 대상을 수상하면서 시작되었다. 아이템 개발부터 프리-프로덕션pre-production(영화 촬영 전까지의 모든 준비 단계)까지 이어진 7년이라는 긴 시간은 '스토리'와 '디자인'이라는 애니메이션의 가장 중요한 두 가지 기초를 쌓고 다지는 과정이었다.

물론 그동안 메이저 스튜디오들이 제작한 여러 작품을 깊이 연구하고 수없이 분석했다. 어떻게 다르게 만들까와 어떻게 더 좋게 만들까를 고민하되, 작은 부분도 타협하지 않았다. 비슷하거나 따라 만들었다는 느낌을 주고 싶지 않아서였다. 지난한 과정이었지만 덕분에 어디에서도 볼 수 없는 세상에 단 하나뿐인 특별한 영화,《레드슈즈》가 만들어질 수 있었다.

본격적인 준비는 2015년부터였다. 영화의 콘셉트 아트와 프로덕션 디자인을 담당하는 비주얼 디벨롭먼트Visual Development 팀, 2D로 만들어진 디자인을 3D로 구현하는 모델링Modeling 팀, 3D로 구현된 외형을 실제로 움직일 수 있게 만드는 캐릭터Character(리깅Rigging) TD 팀, 캐릭터로 감정과 이야기를 연기하는 애니메이션Animation 팀, 영상의 최종 룩을 만지는 룩 디벨롭먼트Look Development/라이트 Light Team 팀이 갖추어졌다.

프로덕션 과정은 어딘가에 있을 꿈을 찾아 현실로 만드는 과정 자체였다. 싸이더스의 여러 아티스트가 무수한 시도를 거듭해 나갔다. 머릿속에 그린 대로 혹은 더 좋은 결과를 얻었을 때의 달콤함과 제작 일정과 비용의 한계로 인해 원하는 목표치에 도달하기 전에 작업을 마무리 지어야 하는 순간의 씁쓸함은 예고도 없이 동시다발적으로 찾아오곤 했다.

애니메이션은 스토리 이상으로 캐릭터가 중요하다. 배우와 달리 한 편의 애니메이션만을 위해 만들어진 캐릭터에는 해당 캐릭터의 성격과 특징은 물론 전체 애니메이션의 스토리와 메시지까지 담겨 있어야 한다. 우리가 애니메이션을 떠올릴 때 무엇보다 주인공을 먼저 생각해 내는 것도 같은 이치다.

싸이더스가 캐릭터의 정교한 얼굴 표정과 애니메이션 제어 기술에 집중한 것도 이 때문이었다. 어떻게 하면 개성 넘치는 캐릭터를 창조하고, 이를 효과적으로 구현해 낼 수 있을까. 여기에 자체적으로 개발한 캐릭터 애니메이션 솔루션을 통해 캐릭터의 연기력

김상진

을 다져 나갔다.

그러나 열정이 모든 문제를 풀어 주지는 않았다. 한정된 제작비와 턱없이 부족한 전문 인력. 어쩌면 '한계'는 도전의 다른 이름일지도 모른다. 멋진 말이지만 실상은 그렇지 않다. 그럼에도 열정은 대부분의 문제를 풀어 준다. '사람', 결국 싸이더스만이 할 수 있는 일이었다. 최소한의 인력으로 최대의 효과를 내기 위해서는 팀워크, 협업이 가장 중요했으나 이는 정말 어려운 일이었다.

현실에서 미래로 나아가다

《레드슈즈》 제작에 투입된 총 인원은 250여 명에 달한다. 크런치 타임Crunch Time(7-10개월 동안의, 애니메이션 제작 과정 중에서 가장 집중적으로 프로덕션을 진행하는 시간) 동안에는 약 110명이 동시 작업했다. 그 결과 3년 반이라는 제한된 시간 안에 메인 프로덕션을 완성할 수 있었다. 메이저 스튜디오가 사용하는 예산의 20퍼센트에 불과한 예산으로 그에 못지않은 뛰어난 작품을 완성시킨 것이다.

처음 《레드슈즈》를 만들겠다고 했을 때, 모두가 안 될 것이라고 했다. 한국의 제작진만으로 해외 유수의 스튜디오에 견줄 수 있는 높은 퀄리티를 갖춘 작품을 내걸겠다는 바람은 이룰 수 없는 꿈과 같았다. 서로에게 믿음과 격려를 주면서도 마음속 불안과 의심은 떠나지 않았다. 외부의 시선과 싸우면서 내부의 마음과도 싸워야만 했다. 그래서 《레드슈즈》라는 열매에는 다양한 맛이 들어가 있다.

《레드슈즈》는 열매인 동시에 씨앗이다. 앞으로도 싸이더스는 계속 꿈을 향한 항해를 계속할 예정이다. 싸이더스가 갖고 있는 많은 계획 중에는 당연히 또 다른 장편 애니메이션도 포함되어 있다.

김상진

기획 의도

화려한 주인공에 가려져 있는 존재, 항상 주변에만 머물러 있는 존재에 대한 관심과 애정이 기획의 시작이었다. 키스 한 번으로 백설공주의 마음을 얻는 백마 탄 왕자보다는 어느 날 갑자기 나타난 왕자에게 백설공주를 떠나보내야 하는 난쟁이들이나 영원히 어른이 되고 싶지 않은 몽상가 피터팬의 동심을 지켜 주는 요정 팅커벨 같은 존재들에 마음이 쓰였다. 화려한 모습으로 하늘을 나는 유니콘보다 자기 몸집만한 짐을 싣고서 비탈길을 걷는 당나귀를 응원하는 마음. 또한 지금까지 숱한 이야기의 주인공이어서 보지 않았어도 본 것처럼 뻔한 주인공은 싫었다.

그런데 세상의 어떤 동화도 이들을 주인공으로 내세우지 않는다. 그렇다면 세상에서 제일 유명한 이야기를 새롭게 만들어 보자고 생각했다. 그래서 선택한 것이 '백설공주'였다. 1937년에 디즈니가 장편 애니메이션으로 만든 이후 TV용 애니메이션, 장편 영화와 드라마, 뮤지컬 등으로 리메이크된 모두에게 익숙하고 유명한 이야기다. 또 그 이야기를 이끌어 가는 소재인 '외모'는 특히 현대 사회에서 중요성이나 관심도가 크다고 생각했다. 주인공일 수 없었던 난쟁이들의 이야기를 만든다면 작고 소외된 존재들을 주인공으로 만들고 싶었던 싸이더스의 고민과도 뜻이 닿을 수 있었다.

우리 모두에게 편견이 있음을 부정할 수는 없다. 편견은 어느 정도 경험과 사실에 기반한다. 문제는 편견이 너무 강하면 그것을 절대적인 사실로 받아들인다는 데 있다. 편견에 사로잡혀 상대방을 멋대로 재단하는 것도 모자라 다른 것은 조금도 받아들이려고 하지 않는다. 자기 자신조차 상처받으면서도 말이다.

싸이더스가 만든 《레드슈즈》는 백설공주와 닮은 점도 많고, 다른 점도 많다. 모두가 아는 백설공주 이야기지만 구석구석 예상치 못한 부분에서 관객들의 편견을 깨부순다. 그리고 이렇게 묻는다. "내 생각은 이런데 당신의 생각은 어떤가요?"

싸이더스 제작진들은 간절히 바란다. 이 영화를 본 관객들이 영화가 끝난 뒤에 잠깐 동안만이라도 자리에 앉아 가만히 생각해 봤으면 좋겠다고 말이다. 그리고 나 자신과, 상대방과, 그리고 다른 누군가와 이야기를 나눈다면 더 많은 것을 볼 수 있을 거라고 귀띔해 준다.

영감을 준 이야기들

스튜디오 가게

하나,
백설공주

전미진

백설공주 이야기는?

독일의 그림 형제가 쓴 『어린이와 가정을 위한 동화집』(1812)에 수록된 이야기다. 그림 형제는 여러 독일 민담을 기반으로 이 동화집을 썼는데, 백설공주의 이야기도 그중 하나다. 전 세계에서 가장 유명한 이야기로 끊임없이 새로 만들어지고 있다.

줄거리

옛날 어느 왕국에 흑단처럼 까만 머릿결에 흰 눈처럼 하얀 피부, 피처럼 붉은 입술을 가진 공주 '백설'이 태어났다. 그러나 공주의 어머니는 공주를 낳은 지 얼마 후 세상을 떠났고, 왕은 새 왕비를 맞았다. 새 왕비는 매일 마법 거울에게 이 세상에서 누가 가장 아름다운지 물으며 자신의 아름다움을 확인했다. 백설이 일곱 살이 되던 어느 날, 거울은 왕비보다 공주가 아름답다고 답한다. 질투에 눈이 먼 왕비는 백설을 없애고자 사냥꾼을 보내지만 공주를 측은히 여긴 그는 도망칠 것을 권한다. 사냥꾼의 말에 따라 숲으로 도망친 공주는 난쟁이들의 배려로 그들과 함께 지낸다. 하지만 공주가 살아 있다는 것을 안 왕비는 사과를 파는 노파로 변해 공주에게 독이 든 사과를 먹이고, 그녀의 계략에 속은 백설은 세상을 떠나고 만다. 공주의 장례식 날, 슬픔에 잠긴 난쟁이들 앞에 이웃나라 왕자가 나타난다. 왕자는 백설의 아름다움에 이끌려 키스하고, 마침 목에 걸려 있던 사과 조각이 튀어나오면서 공주가 깨어난다. 왕자와 공주는 사악한 왕비에게 벌을 내리고, 오래오래 행복하게 함께 산다.

《레드슈즈》에서는

『백설공주』와 《레드슈즈》에는 공통적으로 백설공주(《레드슈즈》의 스노우), 일곱 난쟁이, 새 왕비, 이웃나라 왕자 등이 등장한다. 하지만 이들의 성격과 모습은 다르다. 《레드슈즈》에서 스노우(백설공주)와 일곱 난쟁이는 자신의 본모습을 숨긴 채로 자신이 원하는 바를 이루고자 노력한다. 그리고 이 과정에서 조금씩 자신의 진심을 깨닫고, 진정한 사랑을 찾아 나간다. 새 왕비와 이웃나라 왕자 역시 자신의 욕망에 충실하다. 《레드슈즈》에 등장하는 모든 캐릭터에는 자신이 원하는 바를 이루고자 하는 우리의 모습이 담겨 있다.

둘, 아서 왕 전설

아서 왕 전설 이야기는?

5-6세기경의 켈트계 전사였던 아서 왕과 그가 살던 시대를 배경으로 한 이야기다. 아서 왕은 켈트족의 영웅이나 실존 인물일 가능성은 희박하다. 지금까지도 매우 인기가 높은데, '원탁의 기사', '랜슬롯과 기네비어' 등도 모두 아서 왕 전설에서 나왔다.

줄거리

아서는 브리튼의 왕 우더 펜드라곤의 아들로 태어났으나 예언자 멀린에 의해 기사 엑터의 아들로 성장한다. 어느덧 소년이 된 아서는 마상 시험에 참여하러 가는 길에 깜빡 잊고 검을 두고 온다. 그는 바위에 꽂혀 있는 검을 뽑아야겠다고 생각하는데, 사실 이 검은 수많은 장정들이 뽑고자 안간힘을 썼지만 꿈쩍도 하지 않았다. 바위 위에 놓인 철판에는 '이 검을 뽑는 자야말로 브리튼의 왕이다'라는 글귀가 쓰여 있었다. 이후 아서는 자신의 진짜 아버지를 만나고 브리튼의 왕이 된다. 기네비어와 결혼하고 기네비어의 아버지로부터 100명의 기사와 원탁을 받음으로써 본격적인 아서 왕과 원탁의 기사의 시대가 열린다. 아서 왕은 마법사 멀린과 원탁의 기사단과 함께 여러 전쟁에서 승리

한다. 또 멀린의 인도로 호수의 요정으로부터 '이 검의 주인은 어떤 상처를 입어도 피를 흘리지 않는다'는 전설의 명검 엑스칼리버를 받는다. 시간이 흐른 뒤 아서 왕은 계략으로 중상을 입은 채 아발론으로 떠나게 된다. 마지막으로 엑스칼리버를 호수에 던진 아서 왕은 "영국이 나를 필요로 할 때 다시 돌아오겠다"라고 말하고는 사라진다.

《레드슈즈》에서는

용맹한 아서 왕과 지혜로운 대마법사 멀린은 《레드슈즈》의 멀린과 아더로 다시 탄생했다. 원작에서처럼 절친한 동료이자 단짝이다. 하지만 아더는 아서 왕의 용기나 지혜는 갖추지 못한 채로 힘만 자랑하고 명검 엑스칼리버에만 집착하는 어리숙한 왕자다. 멀린 역시 대마법사 멀린의 현명함이나 선지자적 면모는커녕 자신이 최고라고 여기는 오만방자한 왕자다. 전설 속의 인물들이 완성형 캐릭터라면 《레드슈즈》의 멀린과 아더는 아직 수련이 필요한 진행형 캐릭터라고 할 수 있다.

최민정

셋, 잭과 콩나무

잭과 콩나무 이야기는?
영국 잉글랜드 지방의 대표적인 민화로, 민화가 동화로 정착된 사례라고 할 수 있다. 영국에서는 여러 버전의 이야기가 전해진다.

줄거리
잭은 아버지가 돌아가신 이후 어머니와 단 둘이서 살고 있는 소년이다. 잭의 집은 무척 가난한데, 가족의 유일한 수입원은 젖소 한 마리가 전부다. 매일 아침 잭은 젖소의 젖을 짠 우유를 시장에 내다 팔았다. 그런데 소가 나이가 들어 더 이상 우유를 만들 수 없게 되었다. 이에 잭의 어머니는 잭에게 시장에 가서 소를 팔아 오라고 시킨다. 어머니의 청에 따라 시장에 가던 잭은 우연히 한 노인을 만나게 된다. 노인은 자신에게 마법의 콩이 있다며 마법 콩 5개를 늙은 소와 바꾸자고 한다. 그렇게 잭은 콩을 갖고 집으로 오지만 이 사실을 안 어머니는 크게 화를 내며 콩을 창밖으로 던져 버린다. 다음날 아침 콩은 하늘까지 자라고, 잭은 콩나무를 타고 하늘나라에 있는 거인의 집에 도착한다. 그리고 거인이 잠든 사이에 몰래 금화 한 꾸러미를 훔친다. 잭은 차례로 황금 알을 낳는 거위부터 노래하는 하프까지 거인의 보물을 집에 가져온다. 이를 알아챈 거인이 잭을 뒤쫓지만 잭의 어머니가 도끼로 콩나무를 베는 바람에 나무에서 떨어져 죽고 만다. 부자가 된 잭과 어머니는 풍족하고 행복하게 살았다.

《레드슈즈》에서는
『잭과 콩나무』의 잭은 호기심 많고 눈치가 빠른 영리한 소년이다. 이 점은《레드슈즈》의 잭도 마찬가지다. 잭은 자신에게 온 기회를 놓치지 않고 적극적으로 이용하여 마침내 동화나라 제일의 큰 부자가 되었다는 설정이다.《레드슈즈》의 잭과『잭과 콩나무』의 잭의 차이점이라면,《레드슈즈》의 잭은 황금 알을 낳는 거위를 이용하여 더 큰 부자가 되었다는 점이다. 여기에 특유의 패션 감각과 남다른 자기애가 더해졌다. 이는 잭이 재산을 늘리는 기폭제가 되어 주었다.

이석기

넷, 헨젤과 그레텔

헨젤과 그레텔 이야기는?

『백설공주』와 마찬가지로 독일의 그림 형제가 쓴 『어린이와 가정을 위한 동화집』에 수록된 이야기다. 형제 중 동생인 빌헬름 그림이 아내 도르첸빌트에게 들은 구전 동화를 각색하여 만들었다고 알려져 있다.

줄거리

헨젤과 그레텔 남매는 가난하지만 착한 심성의 나무꾼 아버지와 마음씨가 고약한 새어머니와 살고 있었다. 이들은 너무 가난하여 당장의 끼니조차 해결할 수 없는 지경이었다. 이에 새어머니는 남편인 나무꾼에게 아이들을 숲에 버리자고 제안한다. 우연히 두 사람의 대화를 듣게 된 남매는 몰래 나가 자그마한 하얀 돌들을 잔뜩 주워 온다. 다음 날 새어머니와 함께 숲으로 간 헨젤과 그레텔은 숲으로 들어가는 길에 하얀 돌을 뿌려 두어 무사히 집에 돌아온다. 다음날에는 빵 조각을 뿌려 두었지만 산새들이 빵을 다 먹어 버리는 바람에 그만 길을 잃고 만다. 그때 과자로 만든 집을 발견한 남매는 과자로 배를 채운다. 하지만 그곳은 무시무시한 마녀의 집이었다. 마녀는 남매를 살찌운 다음 잡아먹을 요량으로 매일 엄청난 음식을 준다. 헨젤과 그레텔은 마녀의 눈이 어둡다는 특성을 깨닫고 뼈다귀를 내밀어 위기를 넘긴다. 이후 영리하게 마녀를 물리친 헨젤과 그레텔은 마녀의 보석을 갖고 집으로 돌아와 홀로 있던 아버지와 다시 만난다. 세 사람은 오래오래 행복하게 산다.

《레드슈즈》에서는

『헨젤과 그레텔』의 두 남매는 지혜롭고 용감한 한편으로 먹을 것을 좋아하고, 아직은 보호자의 따뜻한 품이 그리운 영락없는 아이들이다. 《레드슈즈》의 한스는 헨젤이 조금 더 성장한 모습이라고 할 수 있다. 몸은 어른이지만 아이였을 때의 둥글고 따뜻한 심성을 고스란히 간직한 캐릭터다.

최민정

전미진

다섯,
피노키오의 모험

피노키오의 모험 이야기는?

이탈리아 작가 카를로 콜로디가 로마의 한 지역 신문에 연재한 창작 동화다. 다른 동화들에 비하자면 비교적 최근 작품으로 디즈니가 1940년에 《피노키오》라는 애니메이션을 발표하며 전 세계적으로 유명해졌다.

줄거리

나무로 가구를 만드는 제페토 영감은 나무토막으로 인형을 만든 다음에 '피노키오'라는 이름을 붙여 준다. 외로운 그는 피노키오가 사람이 되었으면 좋겠다는 소원을 빈다. 이를 들은 요정은 진짜 사람은 아니지만 피노키오를 사람처럼 움직이고 말도 할 수 있게 만들어 준다. 그리고 진실한 용기를 증명한다면 진짜 사람으로 만들어 주겠다고 약속한다. 피노키오는 학교도 다니고, 친구들과도 잘 어울리며 성실하게 살아가지만 여우의 유혹에 넘어가 서커스에 들어가 곤경에 처한다. 하지만 요정이 곤경에 처한 이유를 묻자 거짓으로 답한다. 이에 대한 벌로 코가 자라고, 거짓말을 할 때마다 점점 자라게 된다. 우여곡절 끝에 집으로 돌아온 피노키오는 제페토가 자신을 찾다가 고래에게 먹혔다는 사실을 알게 된다. 이에 피노키오는 고래 뱃속에 들어가 불을 지르는 기지를 발휘하고, 고래는 열기를 참지 못하고 둘을 뱉어 버린다. 화가 난 고래는 제페토가 탄 뗏목을 부수지만 피노키오는 자신을 희생하여 제페토를 구하고 정신을 잃는다. 슬퍼하는 제페토 앞에 요정이 나타나 진정한 용기를 보여 준 피노키오를 마침내 사람으로 만들어 준다.

《레드슈즈》에서는

나무 인형 피노키오는 거짓말을 할 때마다 코가 늘어나면서도 거짓말을 멈추지 못하는 악동이다. 《레드슈즈》의 세쌍둥이인 피노, 노키, 키오는 그럴 겨를이 없다. 신기한 물건들을 만드는 것만으로도 바쁘고 즐겁기 때문이다. 나무토막을 살아 있는 인형으로 만들어 낸 제페토의 천재성을 빼다 박았다.

홍성호(《레드슈즈》 각본 & 감독)

《레드슈즈》 감독이자 싸이더스 애니메이션 스튜디오의 수장을 맡고 있는 홍성호 감독을 만났다. 그를 통해 이 작품의 제작 배경과 과정, 그리고 스튜디오의 미래까지 들어 봤다.

Q 스튜디오의 첫 번째 장편 영화다. 어떻게 장편 3D 애니메이션을 제작할 생각을 했는지?

A 이전에 《에그콜라》(2006)가 있었다. 파일럿까지 만들었지만 제작비 수급 등의 문제들로 단편으로 제작할 수밖에 없었다. 《에그콜라》는 공룡의 알로 콜라를 만들려고 하는 악당과 이를 저지하는 영웅들의 이야기다. 기술력이나 기획의 참신성 부분에서는 인정받았지만 완전한 창작품에 대한 반응은 '새롭고 신선하다'보다는 '낯설고 어렵다'였다. 오리지널 기획과 시나리오로 사람들을 설득하는 일이 얼마나 어려운지 깊이 깨달았다. 장편 3D 애니메이션 작품을 만들겠다는 바람은 늘 가지고 있었다. 다만 디즈니나 픽사처럼 여러 창작물을 제작하여 높은 인지도를 쌓은 브랜드가 아닌 이상 완전히 새로운 작품을 시장에 내놓기에는 위험이 너무 컸다. 그래서 모두가 아는 이야기를 토대로 이를 가공해 보겠다고 마음먹었다. 우리 모두가 알고, 지금도 통하는 이야기, 바로 '동화'로 말이다.

Q 완성까지 10년이라는 긴 시간이 소요되었다.

A 원래는 광고 CG 일을 했지만 《원더풀 데이즈》(2003)에 CG 감독으로 참여하면서 동시에 《에그콜라》 프로젝트를 시작했다. 3D 애니메이션 제작에 필요한 기술 개발과 캐릭터 구현이 다각도로 시도되던 시기였다. 디즈니 같은 메이저 스튜디오처럼 제대로 된 작품을 만들 수 있는 방법은 직접 회사를 차리는 방법밖에 없었다. 결국 《에그콜라》의 좌초 이후 애니메이션 스튜디오를 설립했다. 그러나 당장 장편 3D 애니메이션을 제작하기는 무리였다. 일단 캐릭터가 너무 많았고, 서사와 캐릭터의 균형을 맞추는 작업도 까다로웠다. 과거의 경험으로 서사의 중요성을 통감했기에 완벽한 이야기가 나오고 제작하려다 보니 시간이 많이 지났다. 물론 현실적인 문제들도 있었다.

Q 사실 장편 3D 애니메이션은 콘텐츠 산업 중에서도 고도의 기술과 자본이 필요하다.

A 기술보다 자본이 문제다. 기획(스토리)에 대해서도 말했지만 실은 프로젝트 투자, 돈을 끌어오는 게 제일 어려웠다. 200억 규모의 프로젝트는 실사 영화로도 작은 덩치가 아니다. 《레드슈즈》 역시 제작비 문제로 숱한 위기가 있었고, 결국 풀지 못한 문제도 있다. 본격적인 프로덕션이 시작된 2015년에 제작비의 1/4 정도에 달하는 투자가 있었기에 프로젝트 진행이 가능했다.

Q 영화 이야기를 해 보자. 왜 '백설공주와 일곱 난쟁이'인가?

A 편견에 대해 많이 생각하는 편이다. 어쩔 수 없는 부분도 있겠지만 세상에는 너무 많은 편견이 있다. 그중에서도 외모에 대한 편견이 가장 크지 않을까? 시대의 감수성에 뒤떨어진다는 지적도 들었지만 외모 편견은 인간의 보편적인 감정이다. 어떻게 이야기하느냐 하는 방식의 차이지, 낡고 지나간 이야기라고는 생각하지 않는다. 백설공주는 외모에 대한 편견이 가장 극단적으로 나오는 동화다. 아름다워 궁전에서 쫓겨나지만 난쟁이에게 구출되고 또 왕자를 만난다. 열과 성을 다해 공주를 도와주었건만 왕자와 떠나는 공주를 바라봐야 하는 난쟁이들에게 숨겨진 이야기가 있다고 생각했다. 만약 원래는 난쟁이가 아니었다면? 실은 멋진 왕자라면 어떨까 상상했다. 이후 양우석 감독과 작가들과 여러 가지 설정과 아이디어를 보태 나갔다.

Q 주인공 레드슈즈가 겪는 신체 변화는 민감한 소재고, 오해를 살 수 있는 부분도 있다. 꼭 필요한 요소였나?

A 《레드슈즈》는 '아이러니'에 대한 이야기다. 신체 변화를 통해 보지 못했던 것을 보고, 타인의 입장이 되어 보는 것이지 신체 변화로 인한 해프닝을 다루는 게 아니다. 전체 관람가 영화라 미취학 아이들에게는 다소 어려울 수도 있지만 어릴 때부터 애니메이션을 보고 자라 지금도 애니메이션 영화를 보는 30-40대도 즐길 만한 애니메이션이어야 한다고 생각했다. 또 아이들은 마음에 드는 영화를 수십에서 수백 번씩 보기 때문에 시간이 걸리더라도 영화의 메시지를 이해할 것이라 생각한다. 그래서 레드슈즈가 '시선' 때문에 겪는 갈등을 좀 더 보여주려 했다. 이를 통해 타인의 편견이 얼마나 큰 영향을 끼치는지 이야기하고 싶었다.

Q 《레드슈즈》의 주요 관객은 성인이 되는 것인가?

A '사랑'의 감정을 감지하는 나이부터라고 말하고 싶다. 그게 몇 살부터인지를 정의할 수는 없다. 또 요즘에는 성인들도 사랑 자체를 힘들어하는 경우가 많다. 사람을 만나고, 사랑하는 데 제한이 많은 세상이다. 그만큼 까다롭게 상대방을 평가하는데, 그런 것들이 사랑에 대한 선입견을 만들지 않나 싶다. 이 말이 자신의 이야기라고 생각하는 이들은 영화를 꼭 봐 주었으면 한다.

Q 난쟁이들이 우리가 아는 동화의 주인공들이다.

A 캐릭터의 특징을 드러내려면 그것을 나타내는 배경 이야기가 있어야 한다. 일곱이라 영화에는 개성이 잘 드러나지 않는 캐릭터도 있지만 제작진은 공평하게 그들의 모든 것을 빼곡하게 구성했다. 이를테면 잭은 부자다. 동화에서 (왕자가 아닌 이상) 부자가 주인공인 경우는 없지만 『잭과 콩나무』의 잭은 황금 알을 낳는 거위를 갖고 있다. 그렇다면 부자가 될 수 있지 않을까? 이런 식으로 동화와의 연관성과 차별성을 만들었다. 이것들은 이미 성인이 된 관객들을 위한 작은 선물이다. 다른 캐릭터들도 마찬가지다. 또 우리가 만든 애니메이션이라 남자 주인공도 아시아인으로 설정했다. 멀린 외에는 모두 서양인인데, 다음에는 보다 다양한 인종을 넣어야겠다고 계획하고 있다.

Q 가장 애착 가는 캐릭터가 있다면?

A 굳이 꼽자면 멀린이다. 내 모습이 가장 많이 반영된 캐릭터이기 때문이다. 멀린은 이기적이고 얄밉고 쥐어박고 싶지만 그 안에 숨겨진 무엇이 있다. 멀린이 빨간 구두를 벗고 원래 모습이 된 스노우를 사랑하게 되는 것은 그녀의 내면이 아름다워서가 아니다. 한 사람의 본질을 사랑하게 되어서인 것이다. '내가 사랑하는 사람이 가장 아름다운 사람이다'가 멀린을 통해 내가 전하고 싶은 이야기다. 고백하자면 지금도 멀린과 레드슈즈가 같이 있는 모습을 보면 가슴이 설렌다. 특히 호숫가 시퀀스를 좋아하는데, 서로에 대한 감정이 생기려고 하는 '썸'이 시작되려고 하는 그 부분이다.

Q 함께한 아티스트들과의 호흡은 어땠는가.

A 《레드슈즈》는 인력과 규모 면에서 대한민국 최초의 시도라고 자부한다. 그 이면에는 하고 싶다는 마음만 앞섰지 이걸 해 본 사람은 없다는 현실이 존재했다. 일일이 부딪히고 터득할 수밖에 없었기에 시행착오도 많았고, 공회전도 심했다. 캐릭터 연기도 그중 하나인데, 김상진 애니메이션 감독이 큰 역할을 했다. 주니어 애니메이터들의 캐릭터 포즈와 표정을 섬세하게 수정해 주면서 기술적으로 해결할 수 없는 부분을 이끌어 주었다.

Q 조금 어려운 이야기를 꺼내야 한다. 디즈니가 애니메이션 영화의 실사화를 공격적으로 진행하고 있다. 3D 애니메이션의 미래와 연관 있을까?

A 디즈니 애니메이션의 실사화는 기술의 발전과 플랫폼 확장이라고 본다. 예전에는 애니메이션에서만 구현할 수 있던 것들이 이제는 실사에서도 가능해졌다. 기술의 발전이다. 그럼에도 상상의 존재에 대한 로망은 존재한다. 이제는 인간과 다른 영역의 캐릭터, 세계관이 주효할 것 같다. 그것을 어떤 스타일로 보여 줄 것이냐가 관건이다. 그런 맥락에서 앞으로의 콘텐츠는 시리즈에 집중되리라 생각한다.

Q 싸이더스 애니메이션 스튜디오도 이에 대한 계획이 있는지?

A 물론이다. 이번 프로젝트로 노하우와 경험을 쌓았으니 앞으로 더 많은 볼거리를 제공할 계획이다. 구체적으로 말할 수는 없지만 지속적으로 성장할 수 있는 플랫폼 같은 콘텐츠를 준비 중이다. 확실한 것은 보다 많은 콘텐츠를 연령, 취향별로 다양하게 선보일 예정이라는 점이다.

Q 마지막으로 내 인생의 애니메이션이 있다면?

A 기본적으로는 착하고 사랑스러운 영화를 좋아한다. 보고 있으면 마음이 안정되고 계속 봐도 지루하지 않은 것들인데, 디즈니와 지브리의 영화들이 그렇다. 특히《하울의 움직이는 성》(2004)은 자꾸만 보게 되는 힘이 있다.

Q 『THE ART OF 레드슈즈』의 독자들에게 한마디 해 주었으면 한다.

A 몇 권의 애니메이션 아트북이 있지만 국내에서 만들어진 아트북은 이 책이 최초다. 애니메이션 영화를 보면서 가슴이 설렜던 관객들이 이 책을 보면서 애니메이션 영화가 어떻게 만들어지고 왜 애니메이션이 '꿈을 현실로 만들어 가는 과정'인지를 살펴봐 주었으면 한다.

*인터뷰는 정삼성 작가가 진행했다.

최민정

정운영

스토리
디벨롭먼트

김상진

오랜 시간 사랑받아 온 고전 동화
vs. 행복한 반전이 있는 현대의 동화

《레드슈즈》는 긴 시간 제작을 준비했던 만큼 스토리 라인도 수없이 바뀌었다. 누구든 자유롭게 아이디어를 냈고, 모두가 함께 고민했다. 좋은 아이디어였지만 제작상의 문제 때문에 포기한 것도 있었다. 처음에는 신선했지만 비슷한 내용의 영화나 드라마가 나와 식상해진 이야기도 있었다. 모두가 아는 동화를 바탕으로 창작물을 만드는 과정은 까다롭고 생각할 요소도 많았다.

하지만 무수한 실패 속에서 아이디어는 조금씩 발전하고 있었다. 이 과정에서 주인공을 방해하는 요소들이 덜어졌고, 주인공의 감정과 이야기를 효과적으로 전달하는 방식을 선택할 수 있었다. 원작의 특성상 주요 캐릭터가 다수 등장한다. 한편으로 여러 동화가 나오기 때문에 각각의 이야기를 포괄하는 '동화 세계'라는 새로운 공간을 만들어야 했다.

싸이더스 애니메이션 스튜디오에게는 영화 제작에 필요한 비용, 기간, 인력 등의 모든 자원이 한정적이었다. 효율성에 집중할 수밖에 없었다. 핵심은 '주인공에게 집중하기'였다. 수많은 스토리가 있었지만 기조는 유지했다.

여러 시나리오 가운데 가장 대표적인 3개의 스토리를 통해 《레드슈즈》가 어떻게 발전해 나갔는지 살펴보도록 하자.

1단계: 일곱 난쟁이

저주 때문에 난쟁이가 된 안하무인 일곱 왕자와
변신 미녀 스노우 화이트의 밀당 로맨스

스튜디오 가게

스튜디오 가게

synopsis

동화나라에서 가장 인기 많은 일곱 국가의 일곱 왕자 실종 사건으로 떠들썩한 동화 합중국. 사실 일곱 왕자는 그들의 싹퉁머리 없는 태도에 화가 난 착한 마녀의 저주를 받아 난쟁이가 되는 바람에 숨어 살고 있다. 일곱 왕자(일곱 난쟁이)가 저주를 푸는 방법은 단 하나. 난쟁이의 모습으로 '진정한 사랑 고백'을 받는 것이다. 하지만 외모 때문에 매일 문전박대당하는 일곱 난쟁이. 그들은 처음으로 자신들에게 호의를 보이는 절세미인 스노우 화이트를 만나고, 저주를 풀 단꿈에 부푼다. 자신이 먼저 저주를 풀겠다고 치고받는 일곱 난쟁이들은 자신들을 진심으로 대하는 스노우로 인해 비로소 사랑과 희생의 의미를 깨닫는다.

2010년에 대한민국 스토리 공모대전에 출품되어 대상을 받은 《레드슈즈》의 초안 '일곱 난쟁이'는 대략 이런 이야기였다. 그런데 일곱 난쟁이에게는 각기 개성은 있었지만 단독으로 이야기를 끌어갈 만한 주인공은 없었다. 또 여자 주인공인 스노우는 착하기만 한, 수동적 인물이었다. 이와 같은 약점들을 보완하고 주인공의 캐릭터를 발전시켜야 했다.

2단계: 레드힐스 & 일곱 난쟁이

저주 때문에 난쟁이가 된 꽃미남 일곱 왕자와 마법 거울 공인 미녀였지만 지금은 미모를 잃은 백설공주,
그리고 현실 세계 소녀 보니의 코믹 삼각 로맨스

최민정

최민정

synopsis

동화 세계에서 최고의 인기를 자랑하는 일곱 명의 꽃보다 왕자들. 그러나 자신들의 외모 가꾸기와 인기 외에는 아무것도 모르는 철없는 왕자들은 마녀의 저주로
난쟁이가 되고 만다. 이 끔찍한 저주를 푸는 유일한 방법은 '세상에서 가장 아름다운 여인의 키스'를 받는 것이다. 일곱 난쟁이는 동화 세계 최고의 미인인 백설공
주의 키스를 받고자 그녀가 원하는 '빨간 구두'를 찾아 나선다. 그런데 현실 세계의 소녀 보니가 백설공주가 그토록 원하는 빨간 구두를 신고 있는 게 아닌가. 우여
곡절 끝에 보니를 설득한 난쟁이들은 보니와 함께 동화 세계로 돌아와 백설공주에게로 향한다. 그러나 빨간 구두의 원래 주인인 맨발의 마녀의 추격에 또다시 원
치 않은 모험을 하게 된다. 이 과정에서 난쟁이 에디와 보니는 특별한 감정을 느낀다. 하지만 서로의 진심을 깨닫기도 전에 백설공주로 인해 상대를 오해하고 만다.
그사이 빨간 구두를 향한 맨발의 마녀, 백설공주, 보니의 욕망이 폭발하며 쟁탈전이 벌어진다.

1단계 시놉시스를 현실과 동화라는 서로 다른 세계에서의 모험을 주요 축으로 하는 색다른 이야기로 발전시켰다. 두 세계를 연결하는 매개체는 마법 거울. 현실 세계의 구두 장인 소녀 보니와 동화 세계의 백설공주와 마녀는 각각 외모에 전혀 신경 쓰지 않는 캐릭터, 외모에 집착하기 시작하는 캐릭터, 외모에 매우 집착하는 캐릭터였다. 자신의 일을 사랑하는 진취적인 여성이자 여자 주인공인 보니는 기존의 단조롭고 평면적인 이야기를 풍요롭게 만들어 주었다. 로드무비처럼 길을 따라 전개되는 구성이라 어떤 버전보다 배경 표현이 중요했다. 보니가 사는 현실 세계는 구두 가게, 집, 도서관 등 아기자기한 매력이 가득했다. 이에 대비되는 동화 세계는 독특한 조형 요소와 형광색 톤을 사용하여 신비로운 느낌의 공간으로 창조했다.

하지만 뚜렷한 장점만큼이나 단점 또한 치명적이었다. 두 세계를 오가며 모험을 펼친다는 설정은 매력적이지만 그것을 구현하는 제작상의 문제가 있었다. 모든 요소를 두 개씩 만들어야 했기 때문이다. 진짜 문제는 주인공에게 집중할 수 없다는 데 있었다. 보니와 백설공주 중 누가 진짜 주인공일까? 모두 매력적인 캐릭터였지만 겹치는 부분이 많았다. 무엇보다 정서적으로 기댈 만한 감정이 보이지 않는다는 것이 문제였다. 동화의 재해석이라고 해도 백설공주가 악역으로 등장하는 것은 위험 요소가 있었다.

전미진

최민정

정운영

이석기

최민정

정운영

정운영

최민정

최민정

최민정

최민정

최민정

최민정

3단계: 빨간 구두 & 일곱 난쟁이

저주 때문에 초록 난쟁이가 된 꽃세븐과
어느 날 갑자기 아름다운 외모를 갖게 된 공주의 반전 로맨스

최민정

최민정

synopsis

외모, 능력, 재력, 무엇 하나 빠지지 않는 일곱 왕자는 저주를 받아 초록색 피부의 일곱 난쟁이가 된다. 이 저주를 풀 수 있는 유일한 방법은 '세상에서 가장 아름다운 공주의 키스'를 받는 것이지만 찾아가는 공주마다 그들을 문전박대한다. 한편, 사라진 아빠를 찾던 화이트 왕국의 스노우 공주는 왕비 레지나의 마법 구두를 신고 이전과 다른 외모의 레드슈즈로 거듭난다. 영원한 아름다움을 꿈꾸는 왕비 레지나는 레드슈즈를 쫓기 시작하고, 달아나던 레드슈즈는 우연히 일곱 난쟁이를 만난다. 난쟁이들은 자신들의 집에 머물게 된 레드슈즈가 저주를 풀 유일한 희망이라 생각해 그녀를 돕기 시작하고, 이웃나라 왕자 애버리지는 레지나에게 이용당해 난쟁이들을 위협한다. 점점 위기에 빠지는 동화의 섬, 그 속에서 레드슈즈와 일곱 난쟁이의 새로운 이야기가 시작된다.

최민정

백창래

3단계 버전에서는 남자 주인공인 멀린과 여자 주인공인 빨간 구두의 감정 변화, 즉 멜로를 중심으로 모든 것을 재구성했다. 일곱 난쟁이는 여러 버전의 시놉시스에 모두 등장할뿐더러 긴 시간 동안 여러 동화에서 차용하여 발전시킨 매력 넘치는 캐릭터들이었지만 멀린과 빨간 구두의 감정선에 걸림돌이 되었다. 결국 멀린을 제외한 난쟁이들의 비중을 덜어 낼 수밖에 없었다. 대신 멀린의 매력을 끌어올리고 관객들이 그의 감정 변화에 공감할 수 있도록 촘촘하게 액션을 배치했다. 빨간 구두는 보니와 백설공주의 외모에 대한 상반된 시각이 더해지면서 보다 다층적인 캐릭터가 되었다. 빨간 구두의 감정 변화가 전개의 동력이 되면서 이야기를 보다 풍부하게 만들어 주었다. 그 결과 마침내 《레드슈즈》의 최종 버전이 탄생할 수 있었다.

김상진

PART 2

레드슈즈의
주인공들

전미진

3D 캐릭터가 만들어지기까지

3D 애니메이션은 2D 애니메이션과 비슷한 과정도 있지만 전혀 다른 과정을 거쳐 완성된다. 어느 정도까지는 2D 작업을 하지만 본격적인 프로덕션에서는 3D 모델링 프로그램을 통해 캐릭터와 배경을 제작한다. 그리고 프레임마다(1초당 24개) 캐릭터의 관절을 움직인다. 《레드슈즈》는 모든 장면이 할리우드 스타일의 키 프레임 애니메이션(키 프레임을 기준으로 움직임을 만드는 방식) 방식으로 제작되었다.

3D에서는 애니메이션 특유의 과장되거나 특징화된 표현을 구현하기 힘들다. 그래서 3D 애니메이션 제작에는 고도의 기술이 필요하고, 그만큼 자연스러운 3D 애니메이션 영화를 만들기 어렵다. 캐릭터 창조와 감정 표현은 창작과 기술, 양면에서 노련한 경험이 필요하다.

장무현 공동감독은 "김상진 애니메이션 감독과 싸이더스 CG 팀은 각각의 캐릭터를 살아 숨 쉬게 하는 캐릭터의 얼굴형과 체형을 만드는 한편으로 캐릭터 표현에 대한 많은 연구를 함께했다. 가장 큰 성과는 기초 조형에 근거한 본질적인 디자인이다. 함께 나누고 배우면서 쌓은 것들이 프로덕션에 큰 힘이 되었다"라고 전한다.

그리고 홍성호 감독은 "우리 역시 처음 시도하는 거라 시행착오가 많았다. 움직이는 스타일과 캐릭터 성격은 디즈니 스타일을 추구했다. 우리 영화는 보는 사람을 기분 좋게 만드는 따뜻한 영화라는 점에서 디즈니와 비슷했기 때문이다. 전략적 선택이었다"고 말한다.

전미진

김상진

캐릭터 디자인, 특히 주연급 캐릭터의 디자인은 시나리오 작업과 엇비슷하게 디자인 작업이 시작된다. 캐릭터 디자이너들과 시나리오 작가(및 제작진)들은 서로에게 아이디어를 제공하며 시나리오와 캐릭터 디자인을 다듬어 간다. 이렇게 스토리에 어울리는 대략적인 캐릭터 콘셉트와 스타일이 완성된다. 왼쪽의 스케치가 예다.

그리고 프로덕션 과정에서 캐릭터 디자이너가 만든 스케치를 보고 개발에 필요한 기술과 비용 등을 논의한다. 디자이너들은 이때의 피드백을 반영해 캐릭터를 다듬는다. 이후 포즈가 들어간 모델링을 통해 처음의 2D 캐릭터와 3D 캐릭터의 동기화가 시도된다. 계속하여 캐릭터의 표정, 동작 등의 디자인과 개발(모델링, 애니메이션, 렌더링, 합성 등)이 진행되면서 3D 캐릭터는 조금씩 움직일 수 있고 울고 웃을 수 있는 살아 움직이는 것 같은 완성도 높은 3D 캐릭터가 되어 간다.

이것은 기술의 영역이자 동시에 창작의 영역에 속한다. 기술만으로는 한계가 있으며, 상상만으로는 아무것도 이루지 못한다. 그래서 모든 아티스트는 창작자인 동시에 기술자이어야 한다.

STEP 1 캐릭터 콘셉트 잡기

캐릭터 만들기의 첫 번째 과정이자 상상을 구체화하는 첫 관문이다. 만들고자 하는 대상(캐릭터)이 사람인가 사물인가, 아이인가 어른인가, 키가 크거나 작은가, 어떤 성격인가 등의 모든 것을 떠올린다. 그다음에 머릿속의 상상을 정리하여 글과 그림으로 구현하게 되는데, 연출진과 작가진이 글로 쓴 캐릭터(와 캐릭터의 성격, 스토리)를 캐릭터 디자이너가 최초로 시각화한다. 이때 탄생한 한 장의 2D 스케치는 여러 과정을 거쳐 세밀하고 정교하게 구체화된다. 이는 본격적인 프로덕션 과정에서 3D 캐릭터의 밑그림이자 설계도가 된다.

이처럼 캐릭터 디자이너(싸이더스의 경우 비주얼 디벨롭먼트 팀)는 시나리오에 표현된 캐릭터의 특징을 바탕으로 캐릭터의 콘셉트를 잡고, 캐릭터의 외모, 비율, 자세, 구조 등 다양한 각도와 다양한 표정을 담은 스케치로 캐릭터의 외형을 조금씩 구축한다.

1. 기본 디자인
캐릭터 콘셉트에 따라 캐릭터의 모습을 다양하고 자유롭게 스케치한다. 여러 작업물 가운데 단 하나만 택해 전체 모습을 완성한다.

캐릭터 콘셉트에 따라 바뀐 멀린 왕자의 모습
(왼쪽에서 오른쪽으로)

김상진   전미진   김향림

김용남

3. 포즈 모델링

캐릭터의 감정을 표현한 포즈 모델링을 만든다. 캐릭터가 움직일 때 어떤 느낌인지를 봐야 캐릭터의 콘셉트를 최종적으로 확정할 수 있기 때문이다.

2. 여러 각도의 디자인

최종 선택된 캐릭터 그림을 다양한 각도에서 다시 그려 본다. 스케치 상태인 캐릭터의 앞모습, 옆모습, 뒷모습 등을 그림으로써 캐릭터가 입체화되었을 때의 모습을 예측한다. 이들이 모델링 단계로 넘어가 최초의 모델이 되는 것이다.

4. 감정 표현 디자인

캐릭터의 체형과 얼굴에 무표정, 기쁨, 슬픔, 분노, 좌절 등과 같은 인간의 기본 감정 표현을 하나씩 입혀 본다. 다양한 감정 표현을 그림으로써 살아 움직이는 캐릭터를 구현할 수 있다. 이는 익스프레션 가이드 expression guide로 정리되어 캐릭터 표현의 기준이 된다.

김상진

44

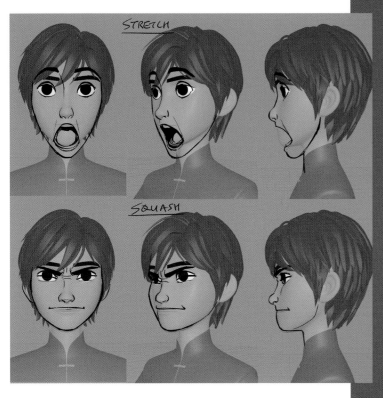

모델링 **이진용**, 드로우-오버 **김상진**

5. 얼굴 디자인
캐릭터의 다양한 감정 표현을 그려 보며 캐릭터 얼굴형을 완성한다.
꼼꼼히 설계된 캐릭터의 얼굴 디자인은 페이셜 가이드facial guide로
정리되어 모델링 단계로 넘어간다. 이후 모델링 팀에서 캐릭터의 페
이셜 타겟facial target(기본 얼굴 표현형)을 작업한다. 이 작업이 정교할
수록 애니메이션 단계에서 애니메이터가 활용 가능한 범위가 넓어
진다.

6. 최종 디자인
캐릭터의 눈동자 색부터 옷의 질감까
지 모든 요소를 정의하는 과정으로,
비로소 캐릭터의 머리부터 발끝까
지 최종 이미지가 완성된다. 관객이
만나는 캐릭터와도 가장 비슷하다.
이 과정은 룩 디벨롭먼트 가이드look
development guide로 정리되어 룩 디벨
롭먼트 팀이 최종 그림을 만들 수 있
게 돕는다.

LOCAL COLOR

정치열, 김용남

STEP 2 캐릭터 구축

7. 모델링(2D 디자인에서 3D 입체화로)

2차원으로 존재하는 캐릭터를 3차원으로 불러내는 작업이다. 이제부터 본격적인 프로덕션이 시작된다고 보면 된다. 모델링 팀이 3차원의 캐릭터 모델을 만들면서 캐릭터의 자세, 체형, 의상, 기본 얼굴형이 만들어진다. 최초로 만들어지는 포즈 모델은 캐릭터의 대표성을 담고 있어야 한다. 그래야 다음 과정인 바디(체형) 모델링, 의상 모델링, 페이셜 타겟(얼굴형) 모델링 단계로 넘어갈 수 있다.

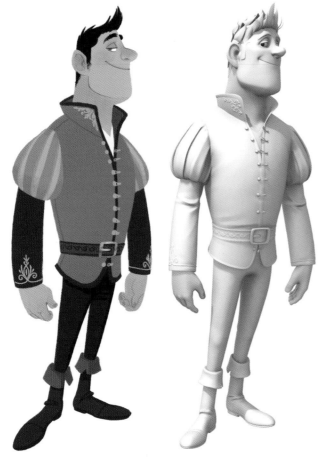

8. 리깅

이제 모니터에는 3D 형태의 캐릭터 모형이 나타난다. 그러나 속이 텅 빈 인형처럼 아무것도 할 수 없다. 그래서 리깅이 필요하다. 리깅 작업에서 캐릭터의 뼈와 근육 위치, 강도 등은 수치와 자료로 변환되어 캐릭터에 버튼 형태로 담긴다. 애니메이터는 이 버튼을 사용하여 캐릭터를 움직이면서 연기한다. 당연히 버튼이 많을수록, 세분화될수록 캐릭터의 움직임은 자연스러워진다. 여기서의 함정은 버튼이 많아질수록, 즉 기능이 추가될수록 캐릭터가 무거워진다는 데 있다. 그래서 정교한 표현을 요하는 극장판 캐릭터 리깅이 무겁다.

그 자신감은 너의 엄마와 나의 조언에서 나온 것은····

캐릭터가 무거워진다는 것은 캐릭터의 움직임이 느려진다는 뜻이다. 한 장면의 정보량이 너무 많으면 프로그램이 과부하를 감당하지 못해 일순간 멈추거나 튕기게 된다. 이를 해결하기 위한 시스템 구축에는 많은 시간과 제작비가 투입된다. 싸이더스의 경우 메이저 스튜디오만큼 제반 시설에 투입 가능한 자원이 넉넉하지 않았지만 완성도를 위해 가벼우면서도 가장 자연스러운 움직임을 구현해야 했다.

그래서 개발된 것이 캐릭터의 체형과 얼굴형의 기본 뼈대를 자동으로 세팅해 주는 오토 바디 리깅 시스템Auto Body Rigging System과 오토 페이셜 리깅 시스템Auto Facial Rigging System이다. 이처럼 통일된 구조의 리깅 시스템을 통해 애니메이터의 작업 효율을 올릴 수 있었을 뿐만 아니라 리깅 작업 자체에서도 경험이 많지 않은 주니어 리깅 작업자의 작업 기간을 단축할 수 있었다. 단역을 제외한 조연 캐릭터도 메인 캐릭터 등급으로 완성도를 올려 작업해도 제작 전반에서 프로그램에 과부하가 걸리지 않는 시스템이었다. 이와 같은 리깅 구조는 애니메이터가 자신의 역량을 내는 큰 기반이 되었다.

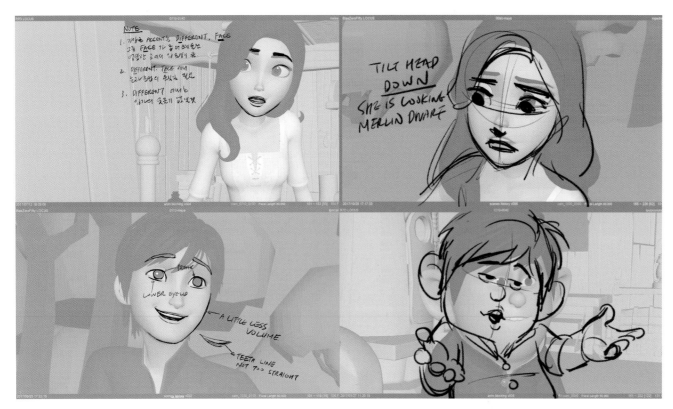

레드슈즈, 왕자 멀린, 난쟁이 멀린의 감정 표현, 동작, 입 모양 등을 수정하는 과정

STEP 3 캐릭터 연기

애니메이션은 배우 대신 애니메이터가 각각의 캐릭터를 움직인다. 메이저 스튜디오에서 한 편의 장편 애니메이션을 제작할 때는 대략 70-80여 명의 애니메이터가 투입되어 작업을 진행한다. 싸이더스의 경우 약 40여 명의 애니메이터가 투입되었다. 이를 위해 경험치는 조금 부족해도, 가능성이 넘치는 국내 애니메이터 팀이 결성되었다.

애니메이팅에 앞서 감독은 먼저 신과 컷의 목적과 연출 의도 및 내용, 캐릭터들의 감정 등에 대해 설명하고 각 애니메이터에게 기본적인 샷 구성(레이아웃)과 배우의 음성 파일, 배우 대사 녹음 당시의 촬영본을 제공한다. 애니메이터들은 이를 바탕으로 연기하고 촬영하기도 하고 간혹 감독이 직접 연기를 보여 주기도 한다. 애니메이터들은 이와 같은 여러 소스를 가지고 캐릭터를 움직여 연기한다. 애니메이션 감독이 이러한 결과물을 보고 연출 의도와 방향성에 맞다고 판단하면, 미세한 움직임과 표정 등을 더하는 디테일 애니메이션 작업이 진행된다.

애니메이션 디렉터animation director는 캐릭터의 연기와 연출을 총괄하는 사람이다. 《레드슈즈》의 경우 김상진 캐릭터 슈퍼바이저가 그 역할을 맡았다. 영화에 등장하는 캐릭터들의 살아 숨 쉬는 모습들을 구현하는 데는 그의 드로우-오버draw-over(수정안)가 큰 힘이 되었다. 프레임 단위로 이루어진 수정안을 통해 애니메이터들은 캐릭터 동작과 감정 표현의 수준을 끌어올릴 수 있었다 그러나, 모든 컷을 드로우-오버한다는 것은 불가능하기에 애니메이션 슈퍼바이저, 시니어 애니메이터들이 그러한 간극을 메우기도 한다. 이러한 요소들이 애니메이터들의 연기력을 높이는 기폭제가 되었다.

캐릭터 라이브러리 시스템

애니메이션 영화는 장면shot마다 애니메이터가 다르기 때문에 여러 명의 애니메이터가 하나의 캐릭터를 연기하게 된다. 하지만 개개인의 역량이 다르고, 해석의 차이도 있다. 그래서 장편 애니메이션에서 캐릭터의 일관성을 유지하는 건 고난이도 작업이다.

싸이더스는 캐릭터의 일관성을 유지하고 애니메이션 작업 속도를 안정화하기 위해 '캐릭터 라이브러리 시스템'을 적극 활용하기로 했다. 캐릭터별로 캐릭터의 특징을 녹여 내 구축한 표정과 자세에 대한 자료library를 애니메이터가 가져가 응용할 수 있도록 파이프라인 내에 설계한 것이다.

잘 만들어진 라이브러리는 연기의 일관성과 작업 효율성에 큰 도움이 되었지만, 완성도가 떨어지는 라이브러리는 오히려 방해 요소였다. 그러나 실패한 라이브러리 또한 반드시 거쳐야 하는 단계였다. 라이브러리 시스템이 애니메이션의 질을 높여 주는 필수 요소기 때문이다.

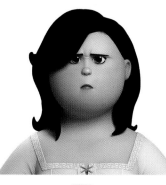

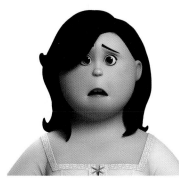

스노우의 라이브러리 시스템

레드슈즈의
캐릭터들

Character Lineup Color & Scale

300

250

200

150

100

50

0

전미진

전미진

스노우 Snow &
레드슈즈 Red Shoes

스노우는 화이트 왕국의 하나뿐인 공주님이다. 어린 시절 어머니를 잃었지만 화이트왕의 넘치는 사랑을 받아 순수하고 낙천적이다. 여느 동화 속 공주들 같은 외모는 아니지만 자신과 자신에게 소중한 사람들을 지킬 수 있는 건강한 힘과 용기를 지녔다. 《레드슈즈》에서 외모에 대한 편견 없이 있는 그대로 상대를 바라볼 수 있는 유일한 인물이기도 하다. 그래서 꽃미남 멀린이 아닌 난쟁이 멀린의 모습 그대로를 사랑한다. 어느 날 우연히 마법 구두를 신게 되면서 전형적인 공주의 모습으로 변한 '레드슈즈'가 된다. 겉모습만 달라진 자신을 대하는 사람들의 태도에 조금씩 구두에 대한 욕망이 강해진다.

김상진

최민정

최민정

김상진

스노우의 탄생

처음부터 진정성 있는 캐릭터로 그리겠다는 명확한 목표가 있었기에 무조건 착하거나 수동적인 성격은 최대한 덜어 내고자 했다. 상황에 굴복하여 끌려다니기보다는 상황을 주도적으로 이끌고 돌파하는 진취적인 인물이기를 바랐다. 스노우는 외모에 대한 콤플렉스가 없다. 우연한 기회에 눈이 번쩍 뜨이는 외모를 갖게 되지만 자신의 바뀐 외모에 대해서도 신기해할 뿐, 덤덤하다. 자신을 있는 그대로 사랑하기 때문이다.

스노우는 《레드슈즈》를 본 관객들의 마음에 변화를 주는 인물이기에 누구보다 자기중심이 확실하고 정체성이 강한 캐릭터로 보여야 했다. 다른 공주들과 달리 무조건 참거나 하염없이 기다리지 않는다. 화가 나면 화를 내고, 무례한 이들을 혼쭐내기도 하는 등 감정을 솔직하게 표현한다. 무례하게 구는 애버리지에게 펀치를 날리기도 하고, 골든구스 거리에서 자신과 난쟁이들을 모욕하는 병사들에게 당당하게 맞서기도 한다. 또 멀린이 위기에 빠져 있을 때 용기 있게 나서서 구한다.

스노우는 성장형 캐릭터라기보다는 완성형 캐릭터에 가깝다. 특별한 교훈을 깨닫거나 어떠한 계기로 한층 성장하지 않는다. 남자 주인공 멀린과 비교하면 쉽게 이해된다. 스노우와 레드슈즈라는 두 가지 모습으로 등장하기 때문에 성장 스토리까지 넣으면 자칫 이야기가 혼란스러워질 수 있다고 판단했다. 대신 자신의 모습 그대로를 사랑하는 스노우를 통해 외모로만 사람을 판단하고 행동에 차별을 두는 영화 속 인물들과 우리들의 모습을 꼬집었다.

스노우의 동글동글한 눈매와 형태가 그런 매력을 잘 살려 준다. 또 진취적이고 건강하다는 점을 외적으로도 나타내기 위해 힘이 세다는 설정을 더했다. 화이트왕의 일기장을 찾을 때는 무거운 가구를 번쩍 들기도 하고, 물에 빠진 멀린을 구하기 위해 커다란 바위를 들어 올리기도 한다. 힘만으로 가능했던 것은 아니지만 아더가 그렇게 뽑고 싶어 한 엑스칼리버를 뽑는 이도 스노우다. 어느 애니메이션에서도 볼 수 없었던 캐릭터다.

전미진

김상진

전미진

레드슈즈의 탄생

스노우가 레지나가 만든 사과나무에서 열린 붉은색 구두를 신고 변한 캐릭터가 레드슈즈다. 영원한 젊음과 아름다움을 위해서라면 못할 것이 없는 레지나의 욕망이 집약된 마법 구두를 신은 인물이기에 어느 누가 봐도 단번에 '예쁘다'라는 느낌이 확실하게 들어야 했다. 물론 아름다움에는 어느 정도 주관적인 부분이 있다. 이 때문에 모든 사람이 인정하는 미인을 구현한다는 것은 어려운 과제였다. 애니메이션에 등장하는 여러 공주들은 모두 아름답지만 드러내고 미인을 표방하지는 않기에 레드슈즈의 캐릭터 구축에 가장 오랜 시간이 소요되었다. 우리는 어떤 얼굴을 보고 아름답다고 생각하는지 깊이 고민했고 성별과 연령대에 따라 미인의 기준이 조금씩 달랐기에 수많은 테스트가 필요했다.

레드슈즈의 눈의 크기, 두 눈의 간격, 속눈썹의 길이, 턱의 각도, 입술, 코 등을 끝없이 고치고 고쳐 나갔다. 처음에는 아이 메이크업, 입술, 볼 터치 같은 화장한 모습을 상정하고 여러 곳에 메이크업 요소를 넣으려고 했다. 하지만 변신 전의 모습이자 동일한 내면을 갖고 있는 스노우와의 연속성을 위해 자제하여 최소한의 아이 메이크업, 입술에

바른 틴트 정도로 마무리했다. 결과적으로는 아름답지만 현실에서는 존재하지 않을 것 같은 조금 비현실적인 얼굴이 나왔다. 누가 봐도 예쁘지만 모두에게 강렬한 인상을 주지는 않는 얼굴이라고 할까? 제작진이 원하는 레드슈즈의 모습이었다.

스노우가 레드슈즈가 되었다고 해서 성격이 바뀐 것은 아니다. 외모만 달라진 상태에서 캐릭터의 일관성과 차이를 어떻게 할 것인가에 대해 고민했다. 열쇠는 빨간 구두에 있었다. 홍성호 감독은 "욕망이 없다면 구두를 신고 벗는 게 자유롭지만 그 욕망이 강해질수록 구두를 벗을 수 없다"고 꼬집는다. 달라진 자신의 외모를 신기하게 바라보던 레드슈즈는 점차 외모에 대한 욕망이 생겨나면서 스노우와 결이 달라진다. 영화 초반의 밝고 활동적이었던 모습은 후반으로 가면서 차분해진다. 이런 극적인 감정 변화를 표현하기 위해 많은 애니메이터들이 애먹었다. 조각 미인으로 탄생한 레드슈즈의 얼굴이 조그만 변화에도 민감했기 때문이다. 어떤 캐릭터보다 섬세한 작업을 요구했으며, 시간도 그만큼 오래 걸렸다.

김상진

전미진

김상진

구두를 강조하기 위해
치마를 조금 짧게
디자인했다.

전미진

클로이 모레츠
Says

"This one is definitely it's different updated its unique think I'm a very particular about the message. I'm putting out and I think that it is really fun and it's scary and it's sweet but it states also it's valiant and it is powerful. And it is why I'm here."

이 작품은 확실히 독특한 원작의 업데이트 버전이죠. 그리고 이 작품은 정말 재미있고, 무섭고 사랑스럽습니다. 그뿐만 아니라 용감하고 힘이 있죠. 그것이 제가 여기에 있는 이유예요.

"She is valiant. I think she is incredibly valiant and I think she is a hero. She is um. Modern princess."

그녀(스노우)는 용감해요. 저는 그녀가 믿지 못할 정도로 용감하다고 생각해요. 또 영웅이라고 생각해요. 현대적인 공주라고 할 수 있죠.

누가 스노우 & 레드슈즈를 연기했나?
클로이 모레츠 Chloe Moretz

미국의 '국민 여동생'으로 사랑받는 배우다. 탄탄한 연기력을 바탕으로 다양한 역할을 소화하는, 커리어도 좋은 배우다. 또한 정치, 사회에 대한 소신 있는 발언과 작품 활동으로 주목받고 있다. 《내 친구 티거와 푸: 숲속의 뮤지컬》(2009), 《볼트》(2008) 등의 애니메이션 영화 경험이 있다.

캐스팅 비하인드 (by 엄영식 공동감독)

애니메이션 영화의 캐스팅에서 가장 중요한 요소는 단연 '목소리'다. 단순히 목소리가 좋고 연기력이 뛰어난 것만이 아니라 목소리만으로도 캐릭터의 특성과 개성을 살릴 수 있어야 한다. 스노우와 레드슈즈의 경우 분명한 자기 소신이 있고, 내면에 당당함이 있는 배우가 필요했다. 아름다운 배우는 많아도 이런 매력을 가진 배우는 드물다.

그때 건강하면서도 순수한 매력이 있는 배우 클로이 모레츠를 만나게 되었다. 클로이는 현실의 스노우와 닮은 점이 많았기 때문에 제작진 모두 그녀와 꼭 함께하고 싶다고 바랐다. 먼저 클로이의 목소리와 행동이 담긴 애니메이션 클립을 제작해 에이전시를 통해 보냈다. 기다림의 시간은 길었지만 결국은 녹음 현장에서 마주하게 되었다. 클로이 모레츠는 시나리오를 전부 꼼꼼하게 읽어 보고 내용이 너무 마음에 들어 캐스팅 제의에 응했다고 말했다. 그녀의 밝고 명랑하고 생기 있으면서도 당당한 면모는 영화에 고스란히 담겼다. 클로이 모레츠가 없는 《레드슈즈》는 상상조차 할 수 없다.

숨은 단서 찾기

1. 모든 사건의 단서가 되는 화이트왕의 '일기장'

영화 프롤로그에 등장하는 화이트왕의 일기장은 주인공 스노우와 레지나의 관계, 화이트 왕의 스노우에 대한 사랑을 드러낸다. 모든 사건을 함축적으로 본편과 이어 주는 중요한 역할을 맡고 있다. 스노우는 사라진 화이트왕을 찾기 위해 몰래 들어간 화이트 성의 집무실에서 우연히 이 일기장을 발견한다. 관객들은 일기장을 통해 스노우의 성장 과정에서부터 레지나의 등장, 그리고 왕가의 몰락까지에 대한 전반적인 암시를 받는다. 《레드슈즈》는 동화를 원작으로 하는 작품인 만큼 일기장을 한 편의 동화책처럼 보이게 만들었다. 전통적인 2D 애니메이션 기법으로 작업된 것은 이 때문이다.

행복했던 시절은 따뜻한 색으로, 레지나와의 결혼식 이후부터는 점차 어둡고 차가운 색으로 표현함으로써 화이트왕의 심리적 흐름을 전달했다.

화이트왕은 겉모습만 보고 레지나를 왕비로 들이는 어리석은 선택을 한다. 그로 인해 왕은 자신에게 소중한 것들이 조금씩 파괴되어 가는 모습을 바라봐야 한다. 왕의 후회를 전하기 위해 점묘법을 활용했다. 특히 일기장 중간에 사람들이 사라져 가는 장면에서 이러한 느낌이 강하게 드러난다.

최민정

전미진

멀린 Merlin

꽃세븐의 리더이자 마법사다. 이름은 북유럽의 전설적인 마법사인 '멀린'에서 따왔다. 마법으로 무엇이든 해결할 수 있다고 믿는 마법 지상주의자이기도 하다. 특기는 부적을 이용한 번개 마법으로 특출한 외모와 실력만큼이나 자신감이 넘친다. 하지만 자기애가 다소 지나치고, 외모에 대한 선입관도 있다. 멀린과 아더는 요정 공주의 저주에서 벗어나기를 가장 강력하게 바라는 인물이다. 레드슈즈의 마음을 얻기 위해 최선을 다하는 것처럼 보이지만 상대의 진심보다는 자신의 저주 풀기에 관심을 둔다. 레드슈즈의 진짜 모습을 알고 혼란을 겪으면서 한층 성장한다.

전미진

최민정

멀린의 탄생

멀린을 비롯한 꽃세븐은 원래의 정체성인 '왕자'와 저주를 받아 바뀐 정체성인 '난쟁이'라는 두 가지 모습으로 등장한다. 확실한 외형 변화가 반드시 필요했다. 동시에 두 가지 다른 모습이 하나의 캐릭터로 보여야 했다.

난쟁이 멀린의 경우 왕자에서 난쟁이가 되면서 캐릭터 본연의 이기적이고 못된 면이 도드라진다. 그러나 이기적이지만 너무 얄밉지는 않고, 못되지만 동시에 귀여워야 했다. 디자인 팀은 멀린의 얼굴, 특히 눈과 눈썹을 강조함으로써 관객들이 직관적으로 캐릭터의 감정을 알아차리게 했다. 반면에 왕자 멀린은 확실한 콘셉트가 있었다. 《레드슈즈》 전체를 통틀어 가장 잘생기고 멋진 외모의 소유자일 것, 그리고 동서양을 아우르는 매력적인 캐릭터여야 한다는 것이었다. 결과적으로 '부적 마법을 쓰는 동양의 마법사 멀린 왕자'는 검은 머리카락과 검은 눈, 홍조를 띠는 맑은 피부 톤 등의 동양적인 특징을 드러내면서도 누가 봐도 잘생긴 외모를 갖게 되었다.

또한 마법사이자 남자 주인공이기 때문에 일곱 난쟁이들 중 가장 움직임이 많았다. 날렵하고 가볍게 움직일 수 있도록 체형과 의상을 조절했다. 아시아계 인물이라 옷과 신발, 가방에 한국적인 요소가 보이는데, 특히 파란색 면 소재의 단순한 상의는 단추로 여미는 형태다.

김상진

김상진

김상진

김상진

전미진

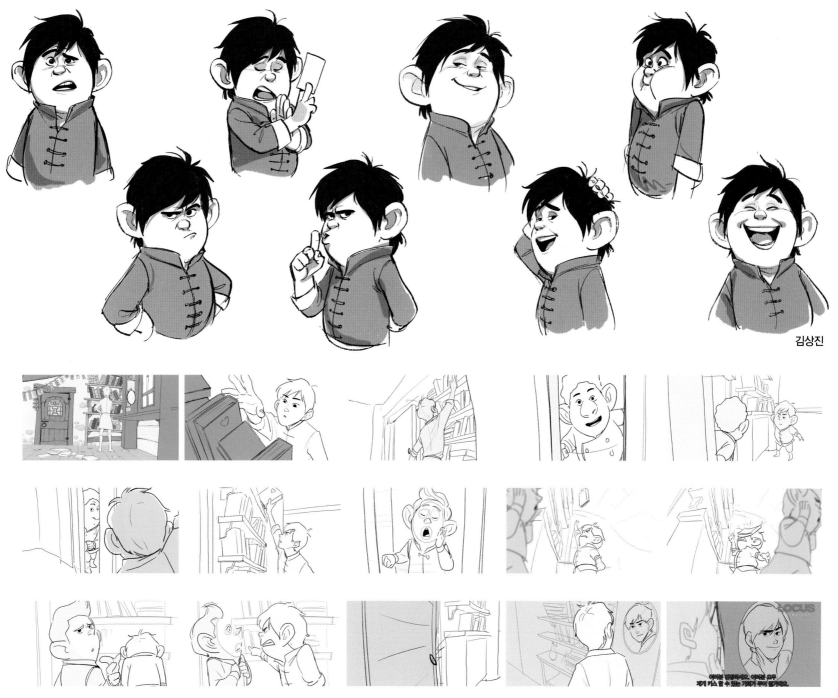

김상진

난쟁이들은 혼자 있으면 본래의 모습이지만 다른 사람과 함께 있으면
난쟁이가 된다. 위는 멀린의 스위칭 장면 스토리보드

스토리보드 신아란

전미진

전미진

김상진

전미진

전미진

전미진

전미진

최민정

샘 클라플린
Says

"This film is very very well known tale with a very very happy twist. Don't judge a book by its cover. He really appreciates the inner beauty within her. And this is why this film is so sort of relevant in today's society. You actually just need learn to love yourself who you are."

이 영화는 누구나 아는 동화에 정말 행복한 반전을 담은 이야기입니다. 표지만 보고 판단해서는 안 된다는 말이죠. 멀린이 스노우의 내면에 있는 아름다움에 감사한다고 생각해요. 그 점이 이 영화가 오늘날의 사회와 밀접하게 관련되는 부분이죠. 영화는 스스로를 사랑하는 법을 배워야 한다고 말하고 있습니다.

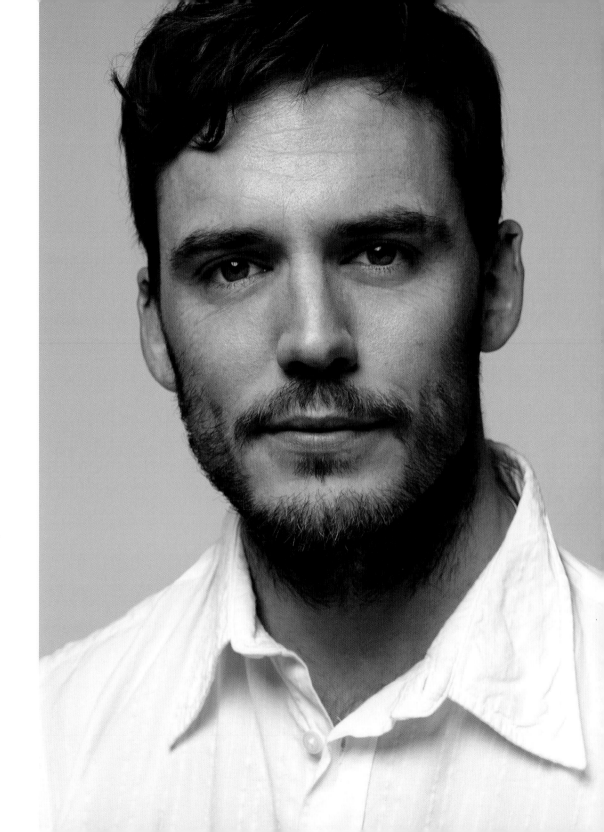

누가 멀린을 연기했나?

샘 클라플린 Sam Claflin

영국 출신의 영화배우로, 《캐리비언의 해적: 낯선 조류》(2011)에서 필립 역으로 출연하면서 알려졌다. 특유의 부드럽고 귀족적인 느낌의 분위기로 폭넓은 사랑을 받고 있다. 특히 베스트셀러 소설을 영화로 옮긴 《미 비포 유》(2016)로 연기력을 인정받았다.

캐스팅 비하인드 (by 엄영식 공동감독)

남자 주인공 멀린은 왕자 신분에 영국 영어를 쓰는 설정이라 제작진은 처음부터 영국 배우들 중에서 멀린 역을 맡을 만한 배우를 찾았다. 영국 귀족 같은 외모에 연기력까지

겸비한 배우 샘 클라플린은 당시 피지에서 《어드리프트: 우리가 함께한 바다》(2018)라는 영화를 촬영 중이었다. 그에게서 《레드슈즈》에 출연하고 싶다는 답이 왔지만, 촬영 때문에 LA로 녹음하러 오는 것은 불가능한 일이었다. 고민 끝에 제작진은 모든 녹음 장비를 들고 피지로 날아가기로 결정했다. 그렇게 피지 바닷가의 한 호텔 스위트룸에 차려진 1일 녹음실에서 멀린의 녹음이 진행되었다. 샘은 착한 눈웃음만큼이나 겸손하고 부드러운 매너를 갖춘, 넘치는 매력의 소유자였다. 조금은 얄미운 면이 있는 멀린 캐릭터는 그의 목소리와 만나 한층 부드럽고 여유로운 지금의 캐릭터가 되었다.

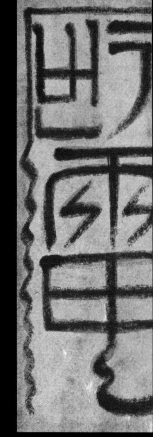

2. 멀린의 힘은 여기서 나온다!
신통방통한 '부적'

마법사에도 여러 종류가 있는데, 멀린은 '부적'을 사용하는 마법사다. 동양
계 마법사라는 설정과도 일맥상통한다. 뛰어난 능력을 갖추었지만 자신의
힘을 유지하기 위해 열심히 공부하는 노력형 천재인 그의 서재에는 다양한
부적과 마법 관련 도서들이 빼곡하다. 사실 부적은 우리에게 친숙한 소재로,
주로 악귀를 쫓거나 재앙을 물리치기 위해 사용한다.

레지나 Regina

화이트왕과 결혼하여 화이트 왕국의 새 왕비이자 스노우 공주의 새어머니가 된다. 그러나 왕을 비롯한 궁정 사람 모두에게 마법을 걸어 왕국을 차지하는, 한마디로 악녀 캐릭터다. 레지나는 영원한 젊음과 아름다움에 집착하는 마녀다. 화이트왕을 유혹할 수 있었던 젊음과 아름다움의 비밀은 마법의 빨간 구두가 열리는 사과나무에 있다.

최민정

전미진

김상진

레지나의 탄생

초기에는 '맨발의 마녀' 콘셉트로, 마법 구두가 아니면 맨발이라는 설정이었다. 영화에서도 처음 등장할 때는 맨발이다. 레지나는 초기 디자인과 최종 결과물의 모습이 많이 다른 캐릭터다. 원래는 어둡고 기괴하면서도 힘 있는 외형에 부스스하고 풍성한 옷을 걸치고 있는 다소 초현실적인 모습이었다. 하지만 공주의 새어머니라는 원전의 설정을 살리기 위해 보다 보편적인 마녀의 모습을 갖추었다.

레지나의 디자인 포커스는 '화려함'이다. 다만 화려한 치장을 통해 노화와 무너져가는 외형을 가리려고 안간힘 쓰는 모습을 보여 줌으로써 오히려 레지나의 욕망을 강조했다. 영화에는 어느 정도 나이든 레지나가 주로 등장하기 때문에 두꺼운 입술과 돌출된 광대, 강한 골격, 큰 눈에 비해 작은 눈동자로 만들었다. 외형도 글래머러스하게 디자인했다. 캐릭터를 만들 때는 실존 인물을 모델로 삼기도 하는데 레지나의 경우 마릴린 먼로였다. 개성이 강한 캐릭터라 인상에 남는다.

나무 마녀임을 드러내기 위해 드레스 패턴과 액세서리에도 나무를 적극 활용했다. 의상에 들어간 패턴은 덩굴이고 머리카락은 사과를 상징하는 붉은색이다. 왕관과 장신구에도 사과 모양의 보석이 박혀 있다.

김상진

김상진

최민정

김상진

김상진

김상진

김상진

최민정

숨은 단서 찾기

독사과는 《레드슈즈》가 고전 동화를 답습하는 것에서 나아가 현대적인 해석을 통해 새로운 동화를 만드는 데 중요한 상징이 된다. 백설공주 이야기에서도 독사과는 주인공을 결정적으로 위기에 빠뜨리는 물품이다. 난쟁이들의 만류에도 불구하고 독사과를 베어 문 백설은 죽음의 위기를 맞이한다. 《레드슈즈》에서도 독사과는 유혹의 상징이다. 화이트왕과 우드베어, 애버리지 일당은 피처럼 붉게 빛나는 사과가 수상하다고 느끼면서도 유혹을 이기지 못하고 베어 물었다가 저주에 걸리고 만다.

4. 스노우가 레드슈즈가 되는 마법의 '빨간 구두'

레지나의 젊음과 아름다움에 대한 집착이 결집된 욕망의 도구다. 처음에는 스노우가 약통에 빠지는 설정이었지만 보다 강렬하고 매력적인 무엇이 필요했다. 그때 안데르센의 동화 『분홍신』이 해답이 되었다. 빨간 구두의 유혹에 빠진 소녀와 레지나는 닮은 점이 많다. 구두 색은 반드시 빨간색이어야만 했다. 동화의 정체성을 잇는 동시에 욕망을 상징하는 색이기 때문이다. 여기에 '자아의 의지'라는 요소를 더했다. (외적 아름다움에 대한) 욕망이 없으면 자유롭게 구두를 신고 벗을 수 있지만 욕망이 강하면 구두를 벗을 수 없다. 이 점이 스노우의 감정 변화를 직설적으로 보여 준다.

마법 구두의 본체가 '사과'라는 단서는 구두 안쪽의 사과 씨 문양이다.

김상진(《레드슈즈》
캐릭터 디자인 슈퍼바이저 & 애니메이션 감독)

《모아나》,《라푼젤》,《겨울왕국》등을 만들어 온 김상진 디자이너는 애니메이터를 꿈꾸는 많은 이들이 가장 닮고 싶어 하는 인물이다. 그가 한국에서 한국 아티스트들과 작업한《레드슈즈》는 어떤 경험이었을까?

Q 오늘은 싸이더스 직원이 아닌 인터뷰어로 인사드립니다. 평소처럼 편하고 솔직하게 말씀해 주시면 됩니다. 먼저 간략한 소개를 부탁드립니다.

A 인터뷰라고 하니 긴장되는데요. 저는《레드슈즈》에서 캐릭터 디자인 슈퍼바이저와 애니메이션 감독을 맡은 김상진입니다. 이 영화에 등장하는 모든 캐릭터 디자인 작업을 책임졌고, 캐릭터들을 살아 움직이게 하고 또 연기하는 작업을 감독했습니다. 애니메이터가 배우라면 애니메이션 감독은 연기를 지도하는 감독이라고 할 수 있겠죠. 아마도 캐스팅 감독에 가깝겠습니다.

Q 이번에 어려운 두 가지 일을 겸임하셨습니다. 애니메이션 감독은 처음 맡으셨는데요.

A 애니메이션 감독은 깊은 고민 끝에 맡게 되었습니다. 디즈니에서 애니메이터로 오래 일했기 때문에 도움을 줄 수 있는 부분이 있지 않을까 생각했거든요. 저보다 뛰어나신 분이 맡아 주셨다면 제가 캐릭터 디자인에 더 많은 시간을 쏟을 수 있지 않았을까 하는 아쉬움은 약간 있습니다. 하지만 재미있고 즐거운 경험이었습니다. 스스로도 많이 배울 수 있는 기회였고요.

Q 또 한국에서, 한국 아티스트들과 작업한 첫 작품입니다.

A 맞습니다. 저에게는 그 자체로 정말 커다란 의미를 갖습니다. 결과가 좋다면 더 큰 의미겠지만 혹시라도 기대만큼의 결과가 나오지 않는다고 해도《레드슈즈》는 한국 애니메이션 역사에 남을 만한 작품이라고 생각합니다. 그래서 보다 많은 분들이 이 영화를 봐 주셨으면 바라고, 저에게도 더없이 큰 의미로 남을 작품이 되어 주기를 바라고 있는 것이죠.

Q 그렇다면《레드슈즈》프로젝트에 참여하기로 결정하신 가장 큰 이유는 무엇이었나요?

A 그만큼 한국의 애니메이터들과 일해 보고 싶은 마음이 컸습니다. 저는 처음 애니메이션 일을 시작했을 때 잠깐을 제외하고는 대부분을 해외에서 영어를 사용하는 친구들과 일했어요. 그러다 보니 예전부터 꼭 한 번이라도 한국에서 한국말로 작업해 보고 싶다는 바람이 있었습니다.《레드슈즈》로 그 기회가 왔고, 자연스럽게 참여했지요.

Q 이 프로젝트에서 언제 가장 큰 성취감을 느끼셨나요?

A 하나씩, 단계별로 애니메이션이 완성될 때마다, 이를테면 메인 캐릭터 디자인이 끝났을 때나 가장 처음 애니메이션 장면이 완성되었을 때 같은 그런 순간순간에 큰 성취감이 있었어요. 그렇지만 가장 큰 성취감은 역시 전체 애니메이션이 완료되었을 때였습니다. 이제 진짜 영화가 나오겠구나! 하는 생각에 가슴이 두근거렸죠.

Q 포기하고 싶었던 순간도 있었을까요? 혹시 감독님만의 노하우, 필살기가 있다면 말씀해 주실 수 있나요?

A 미세먼지가 심했을 때!(웃음) 강하게 포기하고 싶거나 회의감이 들었던 순간은 없었습니다. 원했던 만큼의 퍼포먼스가 나오지 않거나 제작 파트에서 요구하는 스케줄을 도저히 따라가지 못할 때는 사람인지라 스트레스를 받지요. 그럴 때면 집에 가서 영화를 보거나 친구들을 만나거나 하면서 나름대로 풀었습니다. 특별한 건 없네요.

Q 천직이라 크게 스트레스를 안 받으셨던 게 아닐까요? 감독님께서 처음 애니메이션에 관심 갖게 된 계기가 궁금합니다.

A 정말로 어릴 때부터 그림을 좋아했던 게 다였습니다. 사실 세상에 애니메이터라는 직업이 있는지도 몰랐어요. 저는 전공도 경제학이었으니까요. 그렇지만 그림에 대한 애정은 늘 지니고 있었고, 꾸준히 그림을 그렸죠. 졸업하고 나니 친구들처럼 양복 입고 회사 가는 게 싫었습니다. 미술, 그림과 관련된 일을 찾다 애니메이터를 하게 된 거죠.

Q 그림을 그리는 일을 찾으셨을 뿐 아니라, 모든 애니메이터가 꿈꾸는 디즈니에서도 오래 일하셨습니다. 지금까지 숱한 캐릭터를 만드셨지만 가장 아끼는 캐릭터를 꼽아 주실 수 있을까요?

A 제가 만든 모든 캐릭터에 깊은 애정을 갖고 있습니다. 모든 디자이너가 같은 마음일 것입니다. 그래서 정말 어렵지만 그중 하나를 고르라면 《라푼젤》의 새엄마로 등장하는 '고델'에 애착이 많이 있습니다. 굉장히 오랜 시간이 걸려 탄생한 캐릭터고 많은 노력이 들어갔거든요. 제가 악역 캐릭터에 애정이 많아요. 《레드슈즈》에서도 새엄마인 레지나가 고델의 영향을 받았습니다. 조금도 그런 의도로 디자인하지는 않았어요. 정말입니다. 책에도 나오지만 초기 디자인도 많이 다르죠. 그런데 결과물을 보니 저조차도 비슷하다는 느낌이 들더군요. '내 손이 기억하고 있었구나' 하는 생각이 들었습니다.

Q 캐릭터 디자인 작업에서 가장 중요하게 여기는 요소는 무엇인가요?

A 단연 매력이죠. 예쁘거나 잘생겼다는 외형을 말하는 게 아니라, 뭐라고 정확하게 설명할 수는 없지만 사람을 끌어당길 수 있는 힘, 흡입력을 갖게 만드는 것을 가장 중요하게 생각합니다. 《레드슈즈》 작업에서도 마찬가지였어요. 이렇게도 그리고 저렇게도 그리면서 그 캐릭터만이 가질 수 있는 매력을 찾습니다. 『THE ART OF 레드슈즈』에 저를 포함한 디자이너의 고민, 캐릭터의 다양한 버전이 나오는데, 최종 디자인에 선택되지 않는 아트워크는 바로 이러한 점 때문입니다. 아무리 그림이 훌륭해도 매력이 없다면 좋은 캐릭터가 될 수 없거든요.

Q 이 영화에는 지금까지 등장한 어느 애니메이션의 여자 주인공과도 다른 주인공이 등장합니다.

A 네, 주인공 스노우가 그렇죠. 정말로 디자인이 쉽지 않은 캐릭터였습니다. 전형적인 공주 외형과 다른 모습이면서도 영화의 주인공답게 누구보다 매력이 있어야 했습니다. 여기에 내면의 아름다움이 외형으로 드러나야 했고요. 까다로운 작업이었지만 한편으로는 만들어 보고 싶은 캐릭터였죠. 저 역시 처음 디자인해 본 유형의 캐릭터였습니다.

Q 캐릭터 디자이너에게 가장 큰 보람과 아쉬움은 어떤 것일까요?

A 모든 캐릭터 디자이너가 저와 같은 마음이 아닐까 싶습니다. 내가 디자인한 캐릭터를 많은 분이 좋아하면, 그것이 정말 가장 큰 즐거움입니다. 아쉬운 부분 역시 다른 디자이너들과 마찬가지일 거예요. 내가 조금 더 잘할 수 있었는데, 하는 후회라고 할까요? 언제나 나에게 조금만 더 시간이 있었다면 좋았을 텐데, 이건 이렇게 했다면 더 멋진 캐릭터를 만들 수 있었을 텐데, 하는 마음이에요. 《레드슈즈》 작업에서만이 아니라 디즈니에서 일할 때도 마찬가지였어요. 사실 기술적인 문제를 비롯하여 여러 난관에 부딪히고 원치 않아도 타협해야 할 때가 많습니다. 그런 부분들이 가장 큰 아쉬움으로 남지요.

Q 모든 것을 만들어야 하는 애니메이션 영화에서도 '목소리'만은 예외입니다. 캐릭터 디자이너의 입장에서 《레드슈즈》의 보이스 캐스팅을 어떻게 생각하시나요?

A 주인공을 맡은 클로이 모레츠는 개인적으로도 정말 좋아하는 배우입니다. 제가 추천도 했는데 정말로 주인공을 맡게 되어 개인적으로 무척 기뻤어요. 또 샘 클라플린도 멀린을 멋지게 소화했습니다. 녹음된 목소리를 들으며 두 사람이 정말 잘 어울린다고 생각했습니다. 그리고 레지나 역할을 맡은 지나 거슨과 애버리지 왕자 역할을 했던 짐 래쉬도 말이 필요 없이 완벽한 연기를 펼쳤습니다. 그런데 제가 가장 매력을 느꼈던 배우는 마법거울 역할을 했던 패트릭 워버튼이었어요. 디즈니에서도 몇 번 목소리 연기를 했기 때문에 연기력이 뛰어난 것은 이미 알고 있었지만 《레드슈즈》에서 기대 이상의 독보적인 연기를 보여 주었습니다. 이 글을 읽고 영화를 보신다면 제 말이 맞는지 살펴봐 주세요.

Q 조금 사적인 질문을 드립니다. 항상 문을 열어 둔 채로 작업하시던 모습이 인상 깊었습니다. 문이 닫힐 때는 외부에서 손님이 왔거나, 작업이 막힌 아티스트가 어려운 이야기를 들고 왔을 때 정도였던 걸로 기억합니다. 특별한 이유가 있는지요.

A 그냥… 답답해서?(웃음) 그런 것도 있지만 문이 닫혀 있으면 다른 사람이 들어오기 어렵잖아요. 저에게 물어보고 싶은 게 있거나 저와 이야기하고 싶은 사람이 있다면 제 방에 쉽게 들어오게 해 주고 싶었습니다. 그것 말고는 특별히 다른 이유는 없는 것 같네요.

Q 작업을 하다 보면, 의도하지 않게 오해를 사거나 의견 충돌이 감정싸움으로 번지는 경우도 있습니다. 그런 상황에서도 여유로운 태도를 잃지 않고, 유연하게 대처하는 모습을 배우고 싶었습니다.

A 너무 좋은 이야기만 해 주시는 거 아닌가요? 감사한 말씀입니다. 그런데 그건 제가 특별해서가 아니라 《레드슈즈》의 다른 제작진보다 조금 더 오랜 시간 일했고 그만큼 나이가 들었기 때문일 거예요. 저 역시 젊었을 때는 많이 싸웠습니다. 그러니 다른 분들도 시간이 지나면 자연히 그런 시간이 올 거라고 생각합니다. 서두르지 않아도 괜찮아요. 그리고 우리 일이 즐겁기 위해 하는 일이고 다른 사람을 즐겁게 해 주려고 하는 일이지 않나요? 그러니 나부터도 즐겁게 일하려고 합니다.

Q 우여곡절 끝에 《레드슈즈》는 대장정을 마쳤습니다. 한국과 해외 시장을 모두 경험한 선배로서 한국의 애니메이터, 애니메이터를 꿈꾸는 후배들에게 한마디 해 주실 수 있으실까요?

A 먼저 제가 이 작품에 굉장한 자부심을 갖고 있다고 말씀드립니다. 《레드슈즈》에 참여한 모든 사람이 저와 같은 마음일 것이고, 또 자부심을 가져야 한다고 생각합니다. 《레드슈즈》는 잘 만든 작품입니다. 한국 애니메이션 제작사가 가질 수 있는 인력과 메이저 스튜디오에 비해 매우 낮은 제작비를 생각할 때, 이만한 퀄리티의 애니메이션을 만든 것에 높은 자부심을 가져야 합니다. 그런데 《레드슈즈》가 한국 애니메이션 역사에 정말로 의미 있게 기록되려면 《레드슈즈》를 잇는 더 좋은 작품이 나와야만 합니다. 이것이 한국 애니메이션이 극복해야 할 가장 큰 과제라고 생각합니다. 물론 너무나 어렵습니다. 더 많은 숙련된 인력이 필요합니다. 우리나라에는 많은 아티스트, 애니메이터가 필요해요. 꾸준히 인재

가 키워져야 하고 작품이 만들어져야 합니다. 여러 방면의 관심과 업계의 노력이 절실하게 필요한 부분입니다.

Q 감독님이 생각하는 애니메이션이란 무엇입니까?

A 애니메이션은 '놀이'라고 생각합니다. 애니메이션을 만들 때 가장 즐겁고, 애니메이션을 볼 때 가장 즐겁습니다. 적어도 저에게는 그렇습니다.

Q 내 인생의 애니메이션이 있다면 어떤 작품일까요?

A 저와 함께 일한 사람들은 너무 잘 알고 있겠지만, 제 작업실에 항상 붙어 있는 큰 포스터가 있습니다. 바로 《피터팬》입니다. 어렴풋하지만 가장 어릴 때 처음으로 본 애니메이션으로 기억합니다. 충무로의 작은 극장에서 본 한 장면은 지금도 잊히지 않아요. 피터팬과 친구들이 런던 하늘을 날아다니는 장면. 그렇지만 제가 가장 좋아하는 캐릭터는 후크 선장이에요. 역시나 악역에 마음이 끌립니다.

Q 현재 북미 스튜디오에서 새로운 프로젝트를 준비하고 계시지만 다시 한국에서의 작업을 기대해도 되겠지요?

A 미래를 단정할 수는 없겠지요. 놓치고 싶지 않은 작품이 있으면 언제라도 한국에서 일할 수 있을 거라 생각합니다. 또 바라고 있고요.

*인터뷰는 싸이더스 콘텐츠 사업 팀 곽진영이 진행했다.

꽃보다 일곱 왕자 Fearless 7 & 일곱 난쟁이 Seven Dwarfs

누구보다 멋진 꽃보다 일곱 왕자

수많은 왕자가 사는 '동화나라'에서도 최고의 인기를 누리는 일곱 명의 꽃미남 왕자들이다. 단점도 있지만 잘생긴 외모와 다재다능한 재능으로 모든 이의 선망의 대상이다. 다양한 매력을 보여 주기 위해 캐릭터별로 '마법', '힘', '돈', '요리', '발명'이라는 매력을 부여했다. 멀린은 마법, 아더는 힘, 잭은 돈, 한스는 요리, 삼둥이는 발명이라는 개성을 지닌다. 아이돌 콘셉트와도 맞닿아 있는데, 동화나라에 어울리게 여러 동화와 전설 속 인물들을 덧입혔다.

어리석은 초록색 일곱 난쟁이

사람들의 눈을 피해 외딴곳에 숨어 사는 일곱 난쟁이. 저주를 풀 방법을 골몰하면서도 외양만 따지는 습성을 버리지 못한 못난이들이다. 기본적으로 왕자 캐릭터의 축소 버전이지만 짧은 팔다리보다 힘든 것은 난쟁이들의 녹색 피부 표현이었다. 빛을 받았을 때 플라스틱 인형 같은 느낌이 들어 진짜 피부처럼 표현하는 데는 상당한 어려움이 따랐다. 녹색 피부가 생기 있어 보이도록 홍조를 얹는 등, 빛을 받을 때의 표현을 세밀하고 구체적으로 진행했다.

전미진

최민정

아더Arthur

동화나라에서 최강의 힘을 자랑하는 최고의 전사다. 근육을 황금보다 귀하게 여기는 근육 지상주의자로, 폼생폼사의 삶을 실천하고 있다. 단순한 데다 성격마저 급해 제일 먼저 레드슈즈의 키스를 받으려고 안달이다. 모두에게 친절한 그녀의 호의를 자신에게만 보이는 사랑이라고 착각하여 들이대다가 혼쭐이 나기도 한다. 전설의 명검 엑스칼리버를 손에 넣어 용맹함을 증명하고 싶어 하는데, 단순한 그는 검을 뽑는 데는 힘만 필요하다고 생각한다. 또 모든 여성이 남성의 힘에 반한다고 믿고 있어 레드슈즈 앞에서 검을 뽑고자 한다.

김상진

최민정

전미진

김상진

아더의 탄생

아더와 멀린은 라이벌 관계로 레드슈즈의 키스를 얻기 위해서도 경쟁한다.
성격이나 외모 등 거의 모든 면에서 정반대라고 할 수 있다. 물론 좋은 친구
사이로 서로에게 꼭 필요한 존재다. 아더와 멀린은 모두 '아서 왕 전설'에 등
장하는 인물이다. 영국을 대표하는 이야기라서 아더 역시 영국인으로 설정했
으며 영국식 영어를 사용한다. 전설에서도 아서 왕과 멀린은 동료 관계로 나
온다. 《레드슈즈》도 이를 바탕으로 마법사인 멀린은 지도자로, 전사인 아더
는 엑스칼리버에 집착하는 남성성이 강한 캐릭터로 완성했다.

아더는 남성성이 아주아주 강한데 제작진은 이 점을 조금 과장하여 단순 무
식하고 눈치가 없는 캐릭터로 만들었다. 외형 역시 슈퍼맨이 연상되는 전형
적인 서구 남성형 근육질이다. 여기에 짧은 머리 모양과 다부진 근육을 가진
만능 스포츠맨 이미지가 더해졌다. 한마디로 마초 캐릭터라고 할 수 있지만
순애보적인 면모도 있다.

김상진

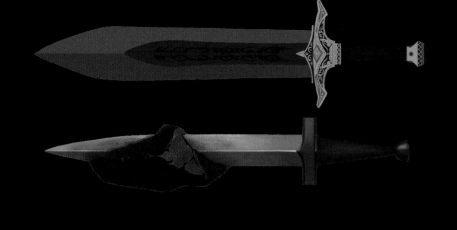

김향림

최민정

5. 아서 왕의 후계자만이 뽑을 수 있다는 아더의 사랑 '엑스칼리버'

아더는 자신의 조상인 아서 왕처럼 엑스칼리버를 통해 존재를 인정받고 싶어 한다. 하지만 검을 뽑는 데는 힘 외에도 지혜가 필요하다는 사실은 조금도 인식하지 못한다. 엑스칼리버는 아서 왕의 용기는 배우지 못하고 결과만 탐하는 어리숙하고 어리석은 아더의 성격을 단적으로 보여 준다. 아더의 검은 매우 화려한 반면에 엑스칼리버는 골동품처럼 낡고 수수해 언뜻 보면 아더의 검이 명검 같다. 진실은 화려한 외양과는 달리 아더의 검은 잘 부러지지만 엑스칼리버는 무엇이든 자를 수 있다. 이 역시 내면을 보지 못하고 외양에만 집착하는 난쟁이들의 속성을 꼬집는다.

잭 Jack

동화나라 제일의 부자이자 공식 패셔니스타다. 예쁘고 아름답고 반짝이는 모든 것을 사랑한다. 가장 좋아하는 것은 '거울에 비친 자신의 모습'으로, 자기애가 강하다 못해 철철 넘쳐흐르는 캐릭터다. 난쟁이로 변한 지금의 모습마저도 넘치게 사랑한다. 남자는 가꾸어야 남자라는 철칙을 갖고 있기 때문에 아무리 피곤해도 마스크 팩을 붙이는 등 피부 가꾸기에도 부지런하다. 그런 잭이 레드슈즈에게 반한 것은 저주 풀기 외에도 자신을 뛰어넘는 미모의 소유자였기 때문이다.

전미진

최민정

잭의 탄생

잭은 아름다운 것과 패션, 그리고 자기 자신을 사랑하는 자존감 높은 예술가형 캐릭터다. 물에 비친 자신과 사랑에 빠진 그리스 신화의 미소년 나르키소스가 떠오르기도 한다. 제작진은 초기 작업부터 모델처럼 팔다리가 긴 서구형 미남을 염두에 두고 디자인을 완성시켜 나갔다. 외적인 조건만 따졌을 때는 남자 주인공인 멀린보다 키도 크고 얼굴도 조각처럼 잘생겼다. 이런 잭의 캐릭터를 단적으로 드러내는 요소는 손거울이다. 조금은 왕자병처럼 보이기도 하기에 항상 손거울을 들고 다니면 어떨까 상상했던 초기의 아이디어가 마지막까지 이어졌다. 침대에도 전신 거울이 있다. 스노우가 레드슈즈로 변한 자신의 모습을 처음으로 보게 되는 그 거울이다.

화려하고 우아한 분위기를 살리고자 프랑스 귀족으로 설정했고, 이에 따라 프랑스 억양이 묻어나는 언어를 사용한다. 잭은 『잭과 콩나무』의 주인공인 잭에서 출발한 캐릭터로 황금 알을 낳는 거위로 막대한 재산을 갖게 된다. 아무리 돈을 써도 매일 황금 알을 낳아 주는 거위가 있어 돈 걱정은 조금도 하지 않고 점점 부자가 되어 간다. 그 돈으로 투명 망토, 다이아몬드 반지 같은 각종 희귀 아이템을 구입했다. 비밀이지만 난쟁이들이 살고 있는 집의 월세도 잭이 지불한다. 특히 투명 망토는 『벌거벗은 임금님』의 임금님에게 황금 알 3개를 주고 산 아이템으로, 전투에서 맹활약을 펼친다.

김상진

전미진

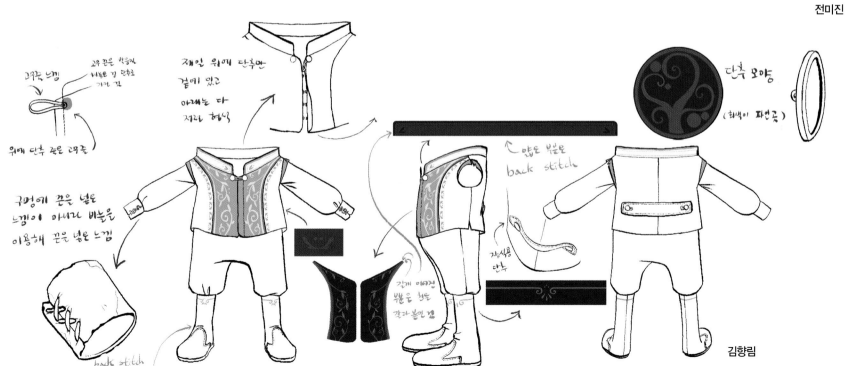

김향림

한스 Hans

한스는 동화나라 최고의 식도락이자 꽃세븐의 공식 요리사로 진심으로 음식을 사랑하는 진정한 미식가다. 난쟁이가 되어서도 손수 텃밭을 가꿔 자급자족의 생활과 최고급 식사를 가능하게 만든 주인공이기도 하다. 왕자였을 때도 무난하고 둥글둥글한 성격이었고 난쟁이가 되어서도 변하지 않았다. 때로는 의외의 돌직구를 날리기도 한다. 자신의 이야기를 잘 들어주는 멀린과 죽이 맞는 편으로, 고민이 생기면 가장 먼저 멀린에게 의견을 묻는다. 맛있는 요리를 만들 수 있는 것은 물론 어떤 공격에도 끄떡없는 무적의 방패를 갖고 있어 방어력이 최강이다. 평소에는 한없이 온순하지만 화가 나면 전투력이 급상승한다.

전미진

최민정

최민정

전미진

김상진

김상진

한스의 탄생

초기 콘셉트는 요리를 잘하는 매력적인 남자지만 동시에 먹을 것을 밝히는 캐릭터였다. 또 둥글둥글한 성격을 위해 살짝 맹한 느낌으로 디자인되었다. 디자인 단계에서는 일곱 왕자 가운데 가장 인기 없는 캐릭터라는 불명예를 안아야 했는데 뽀글거리는 주황색 헤어가 더해지면서 귀여운 매력이 생겨났다. 덕분에 인기가 급상승한 반전 캐릭터이기도 하다.

먹을 것을 사랑하는 한스는 요리도 먹는 것도 모두 잘한다. 그가 애용하는 주방 기구이자 위기 상황에서는 무기가 되어 주는 무적 방패에는 젓가락과 숟가락 문양이 장식되어 있다. 음식이 등장하는 이야기를 찾던 감독은 그림 형제의 동화 『헨젤과 그레텔』에 등장하는 헨젤을 발견했다. 헨젤은 순수하고 재치 넘치는 인물로 한스는 '과자로 만든 집'에서 마녀의 레시피로 요리를 만들다 절대 미각에 눈뜬 캐릭터다. 원전이 독일 동화라 독일인으로 설정했다.

왕자일 때는 실크 바지에 면 소재의 상의를 입고 있었지만 난쟁이가 된 다음에는 쫄쫄이 바지를 입는다. 여기에 요리하다가 혹은 먹다 흘린 얼룩을 더했다. 룩 디벨롭먼트 팀은 오래전에 흘린 듯한 얼룩 느낌을 표현하고 싶었다고 한다. 하지만 얼룩을 표가 나게 넣으면 더러워 보이고 약하게 넣으면 눈에 띄지 않아 적정선을 찾는 데 애를 먹었다. 이런 얼룩은 한스의 낙천적인 성격을 드러낸다. 이처럼 작은 요소 하나까지 캐릭터의 성격이 담겨 있다.

김상진

김상진

전미진

짧고 통통한 난쟁이들의 체형 특성상 움직임을 만들기가 힘들다. 그래서 화면에 따라 체형의 일부를 쉽게 조정할 수 있게 했다. 한스의 경우 곱슬머리라 머리카락의 움직임이 거의 없다는 면에서 캐릭터 TD 팀의 작은 기쁨이 되었다.

— 이경득 캐릭터 TD 슈퍼바이저

김상진

김상진

정치열

피노, 노키, 키오 Pino, Nocchi, Cchio

모든 일을 함께하는 세쌍둥이 형제 '피노', '노키', '키오'. 뭐든 뚝딱뚝딱 만들고 실험하는 것을 즐기는 천성이 발명가이자 기술자다. 말수 적고 존재감이 약해 잘 드러나지는 않으나 일곱 왕자 가운데 난쟁이 생활에 가장 빨리 적응했다. 헛간 옆에 전용 작업실을 만들어 대부분의 시간을 보내는데 이곳에는 적외선 카메라, 만능 사다리와 같은 각종 발명품이 가득하다. 레드슈즈에게는 셀프 카메라를 만들어 주며 은근한 호감을 보인다. 전투용으로 석궁과 바주카포를 사용하는 등 스케일이 남다르다.

최민정

전미진

최민정

전미진

김상진

피노, 노키, 키오의 탄생

애니메이션 영화에는 주인공 옆에 언제나 감초 캐릭터가 자리한다. 이야기를 구석구석 이해하기 힘든 어린 관객들을 위한 캐릭터로, 이를테면《겨울왕국》의 '올라프'가 있다.《레드슈즈》에서는 피노, 노키, 키오가 그런 역할을 맡는다. 언제나 재미있고 활기찬 이들은 로봇과 기계를 자유자재로 다루며 주인공의 확실한 조력자이자 아기자기한 즐거움을 만들어 준다. 모두가 사랑할 수밖에 없는 캐릭터다.

인형에서 사람이 된 피노키오의 이야기에서 영감을 얻었다. 목수 제페토가 정말로 피노키오 하나만 만들었을까, 하는 생각 끝에 세쌍둥이가 탄생했다. 진짜 아버지는 아니지만 자신들을 만들어 준 제페토의 출신을 따라 이탈리아인으로 설정했다.

피노, 노키, 키오는 떼려야 뗄 수 없는 존재다. 디자인 초기부터 같지만 다른 매력을 갖고 있는 장난감 병정이라고 설정했다. 모자를 깊게 눌러 쓴 병정 모양을 강조하기 위해 모자를 중심으로 다양한 디자인이 나왔다. 그중에는 모자 바깥으로 머리카락이 삐져나온 경우도 있었고, 눈이 보이는 경우도 있었다. 또 실제 모티프가 되었던 동화처럼 거짓말을 하면 코가 길어지는 설정도 있었다. 이 과정들을 바탕으로 지금의 모습이 만들어졌다. 세쌍둥이는 언뜻 보면 모두 비슷해 보이지만 분명 차이가 있다. 먼저 각자 쓰고 있는 모자의 줄로 구분할 수 있다. 모자의 재질은 스웨이드고 띠만 가죽이다. 줄이 1개 있는 캐릭터가 피노, 2개 있는 캐릭터가 노키, 3개 있는 캐릭터가 키오다. 다음으로 의상의 워싱이나 스크래치가 다르다. 세쌍둥이가 입고 있는 바지는 작업자를 상징하는 청바지다. 또 상의는 두꺼운 셔츠로 정비공 느낌을 주었다.

김상진

김상진

전미진

김용남

김상진

김상진

6. 세쌍둥이 최고의 발명품 천하무적 '우드봇'

나무 인형 피노키오의 이미지를 모티프로 삼아 디자인했다. 하지만 로봇이라는 메카닉적 요소를 표현하기 위해 부분별로 피스톤, 밧줄을 사용했다. 동력원은 다리 부분에 탑승한 키오가 자전거 형태의 페달을 밟아 만든다. 또 배 부분에 탑승한 노키가 양팔을 조종하며, 머리 부분에 탑승한 피노가 작전 지시를 하면서 대포를 조종한다. 마지막 전투에 양팔에 철퇴와 망치, 머리 부분에 대포가 사용되는데, 이 무기들은 애버리지 왕자와의 전투에서 획득했다는 설정이다.

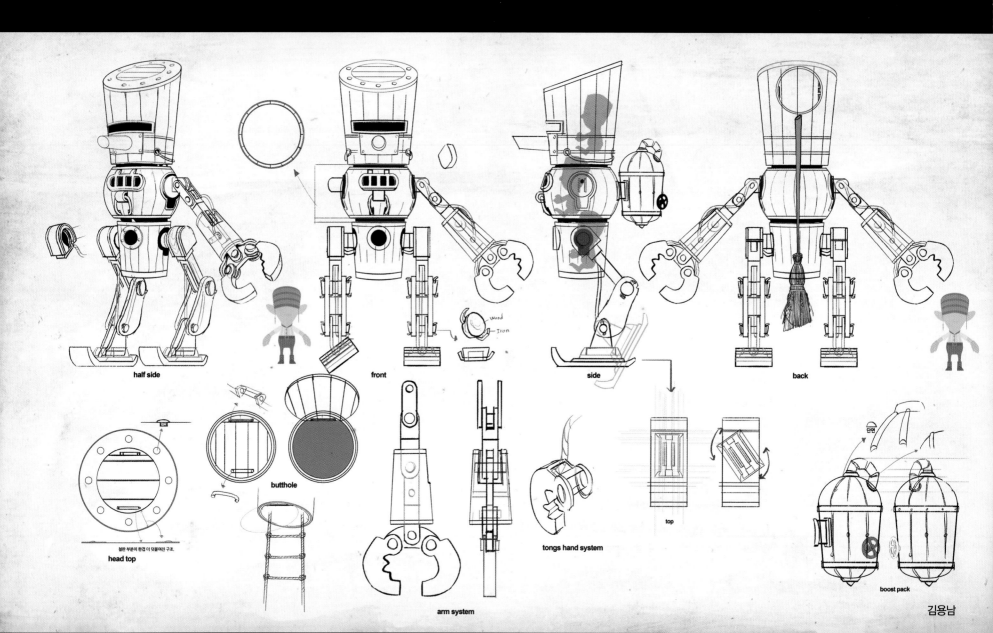

half side

front

side

back

butthole

head top

절판 부분이 한겹 더 덧붙여진 구조.

arm system

tongs hand system

top

boost pack

김용남

머리

몸통

다리

백연옥

최민정

애버리지 왕자 Prince Average

모든 동화에 꼭 등장하는 이웃 왕자다. 모든 면에서 평균 이상이라고 스스로 생각하여 '애버리지'(평균)지만 속물에다가 지질한, 멀리하고픈 왕자다. 동화나라 최고의 인기 왕자들인 꽃세븐이 사라지면 자신의 세상이 올 줄 알았으나 여전히 어느 누구에게도 관심을 받지 못한다. 무식하지만 똑똑해 보이고 싶어 하고, 못났지만 잘나 보이고 싶어 한다. 권력의 상징인 미녀에게 집착하는 그를 잘 아는 레지나의 꾐에 빠져 레드슈즈를 찾아 나섰다가 난쟁이들에게 쫓겨나는 굴욕을 당한다. 복수를 다짐해 보지만 어딘지 덜떨어지고 어수룩해 보이는 인물이다.

김상진

전미진

김상진

전미진

초기 시나리오에서는 잘생겼지만 매력 없는 캐릭터였는데 결과적
으로는 간사하고 가벼운 캐릭터가 되었다. 뒤로 곱게 넘긴 단발은
코믹하면서도 지질한 느낌을 강조하기 위해 고안되었다. 가장 인기
없지만 누구보다 인기를 추구한다는 점에서 잘 맞아떨어진다.

김상진

화이트왕 King White

화이트 왕국의 왕이자 스노우 공주의 하나뿐인 혈육이다. 어느 날
갑자기 사라져 스노우가 레드슈즈가 되는 필연적인 이유와 함께
스노우의 '아빠 찾기'라는 분명한 목적을 제공한다. 여느 아버
지들처럼 딸을 누구보다 사랑하는 딸 바보이지만 레지나의
미모에 눈이 멀어 결혼을 선택하는 어리석은 면모도 있다.

최민정

최민정

최민정

최민정

최민정

김상진

우드베어 Wood Bear

레지나가 부리는 나무 인형들이다. 성 밖으로의 활동이 자유롭지 못한 레지나의 심부름을 대신하기 때문에 레지나의 수하로 의심할 수 있지만 그렇지 않다. 빅버니처럼 레지나의 저주를 받아 나무 인형이 된, 원래는 화이트 왕궁의 아이들이다. 레지나의 무시무시한 힘이 무서워 어쩔 수 없이 복종하지만, 레드슈즈가 스노우 공주임을 알고 난 다음에는 든든한 조력자가 되어 준다.

최민정

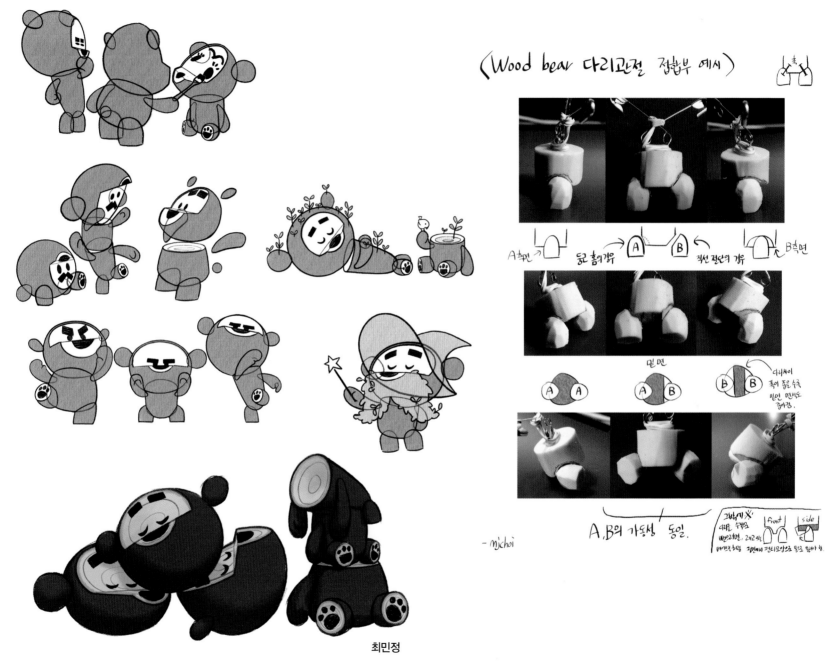

〈Wood bear 다리관절 접합부 예시〉

- mjchoi

최민정

우드베어들의 두꺼운 눈썹은 프로듀서의 얼굴에서 영감을 받았다.
흰 얼굴에 검은 눈썹이 선한 인상을 준다는 점에 착안했다.

PART 3

레드슈즈의
주인공들이
사는 곳

최민정

동화나라는 《레드슈즈》의 주인공들이 살고 있는 장소다. 우리에게 친숙한 여러 동화 속 왕자와 공주, 마녀와 마법사들이 살고 있는 나라지만 여느 동화들처럼 '그 후로 오래오래 행복하게 사는 곳'이 아니라 이후로도 여러 일이 벌어진다.

동화나라는 어떤 모습일까? 무엇이 어떻게 다를까? 왜 《레드슈즈》는 기존의 동화 세상이 아닌 새로운 공간이 필요했던 것일까? 이석기 아트 디렉터art director(미술감독)는 새롭지만 낯설지 않은 시각이 필요했다고 한다. "여러 마을에 둘러싸인 아름다운 성과 숲속 어딘가에 있는 난쟁이 집(위태로운 바위)만으로는 스노우와 레드슈즈, 그리고 일곱 왕자(일곱 난쟁이)를 전부 표현할 수 없었다. 우리는 모두가 알고 있는 동화 세계를 응축하면서도 무엇인가 독특하고 특별한 공간을 만들고 싶었다."

박종원

화이트 성

비밀 출입구

호수

바니 로드

엑스칼리버 바위

위태로운 바위

추격 숲

자이언트 길

골든구스 마을

꽃밭

애버리지 성

이지민

이석기

'동화나라'가
만들어지기까지

아트 콘셉트 사랑, 꿈, 모험이 함께하는 환상의 나라

《레드슈즈》의 배경이 되는 동화나라는 어디까지나 상상 속의 공간이다. 싸이더스 애니메이션 스튜디오는 애니메이션 영화의 특성을 잘 살리고자 동화적인 느낌, 환상적인 요소에 중심을 두고 공간을 설계했다. 초기에는 이국적이면서도 신비한 분위기를 강조했는데 기존의 동화 규칙을 깨는 곳이라는 이미지를 주기 위해서였다. 장무현 CG 슈퍼바이저는 "초기 디자인 과정에서 욕심이 많았다. 상상의 공간이라 판타지 요소를 부각시켰고 이국적이면서도 신비한 느낌을 강조했다. 팝-아트적인 느낌을 살리거나 과장된 패턴을 넣기도 했다"고 전한다.

동화나라는 캐릭터와 스토리 변화에 따라서도 모습이 달라졌다. 초기에는 각 동화의 주인공들이 다른 나라에 살고 있다는, 이른바 '국가' 단위로 체계를 잡았다. 그러다 점점 동화의 주인공들이 가까이 모여 산다는 '도시' 체계가 잡혀 갔다. 이에 따라 복잡하고 거대한 규모보다는 분명하고 촘촘한 공간 구성이 필요했다. 결과적으로 국가보다는 작지만 도시보다는 독립된 설계가 가능한 '섬'을 찾게 되었고 최종적으로 '동화나라'가 탄생했다. 동화나라는 여러 동화 속 주인공들이 모여 사는 하나의 도시이자 또 하나의 세상이 된다.

그다음으로 머릿속의 동화나라를 밖으로 꺼내야 했다. 동화나라의 자연환경과 구조물들을 구상하는 과정에는 무수한 실험이 존재했다. 섬 전체의 모습에서 시작하여 숲에서 자라는 풀 한 포기까지 수많은 아이디어 회의와 끝없는 스케치가 있었다.

재미있는 아이디어도 많았다. 섬이 아예 동화책 모양인 것도 있었다. 신선한 아이디어였지만 자칫 이야기의 흐름을 방해할 수도 있어 포기했다. 공간의 개성이 너무 크면 역으로 스토리와 캐릭터에 대한 집중도가 떨어지기 때문이다. 제작진은 고전적인 느낌을 살리려고 노력했다.

여러 영화와 소설, 애니메이션도 참고했다. 특히 고전 애니메이션의 전설적인 아티스트인 아이빈드 얼Eyvind Earle의 작업에서 많은 영감을 얻었다. 얼은 디즈니의 1959년 애니메이션 《잠자는 숲속의 공주》의 배경을 그린 아티스트로, 특유의 섬세한 표현으로 유명하다. 그의 비밀스럽고 낭만적인 작품들이 동화나라의 구상에 큰 도움이 되었다.

싸이더스는 공간 디자인에 테마파크Thema park 개념을 가져왔다. 테마파크 혹은 세트는 주거를 위해 존재하는 장소가 아닌 보여 주기 위해 만들어진 공간이다. 동화나라의 인공 구조물들도 겉과 속이 다르다는, 다소 인위적이고 실제 같지 않다는 인상을 주고 싶은 바람 때문이었다.

동화나라에는 길에 아스팔트 대신 모노레일이 깔려 있고, 롤러코스터나 대관람차 모양으로 만들어진 성도 있다. 하지만 아무리 특색 있더라도 캐릭터와 이야기 전개에 방해가 된다면 과감하게 포기했다. 반대로 애버리지 성과 골든구스 마을처럼 조형물이 캐릭터와 상황에 잘 맞아떨어지면 적극 활용했다. 처음 구상만큼은 아니라도 결과적으로 다채로운 동화 속 공간이 완성되었다. 캐릭터들이 활동하고 머무는, 그리고 각종 사건이 벌어지는 공간을 구축하는 과정은 캐릭터 디자인 과정보다 고단했다. 보통은 캐릭터를 먼저 만들고 나서 개별 공간을 구축하게 된다. 따라서 모든 배경 요소는 이야기와 균형이 맞아야 한다. 하지만 어떤 배경인지를 구상하는 것과 어떻게 배경을 구성할 것인지는 다른 문제다.

"아티스트에게는 화려하고 멋진 배경을 만들고 싶다는 바람이 있다. 아트 팀은 2D로 기본 콘셉트를 잡는다. 아트 팀에서 그린 선 하나가 3D 모델링 단계에서 산이 되고 강도 된다. 새로운 세계가 만들어지는 과정은 기적과도 같은 일이지만 수많은 사람의 노고와 직결된다. 디자인 심미성과 효율성의 끝없는 줄다리기다." 이석기 아트 디렉터의 설명이다.

백연옥

박종원

최민정

공간 디자인 | 동화나라 설계

전 세계 테마파크에는 한 가지 공통점이 있다. '용기', '모험', '환상' 같은 주제 혹은 '미키 마우스', '도널드 덕', '로티' 같은 캐릭터를 통해 각 구역의 주제를 분명하게 정한다는 점이다. 얼핏 보면 독립된 것처럼 보이는 여러 구역이 사실은 유기적으로 연결되어 있다는 사실도 매우 흥미롭다.

테마파크에 간 대부분의 관람객은 목적지나 방향을 정하지 않고 마음이 이끄는 대로 이곳저곳을 돌아다닌다. 그런데 신기하게도 어느새 테마파크 전체를 자연스럽게 둘러보게 된다. 여기에는 비밀이 있다. 테마파크를 구성하는 이들이 방문객들이 한정된 시간 안에 최대한 그들이 원하는 놀이기구들을 마음껏 즐길 수 있도록 동선을 미리 설계해 둔 것이다. 관람객은 의식하지 않아도 설계자의 안내에 따라 자연스럽게 이동하게 된다.

애니메이션의 공간(배경)을 만드는 과정도 비슷하다. 장편 애니메이션 완성이 어려운 가장 큰 이유는 완성도의 연속성에 있다. 하나의 장면, 하나의 사건을 높은 완성도로 만들어 내는 게 아니라, 상영 시간(90분 내외) 내내 모든 장면과 사건을 비슷한 완성도(수준)로 완성해야 한다. 작품의 완성도를 좌우하는 요소다.

싸이더스는 효율성에 집중했다. 제작 환경이 넉넉하지 않을수록 아티스트(창작자)의 능력을 효과적으로 활용해야 했다. 제작진들은 '동화나라'라는 테마파크를 제시간 안에, 제대로 완성하기 위해 먼저 설계를 진행하고 나서 앞서 설계한 계획에 따라 동선을 운영했다.

박종원

백창래

박종원

동화나라의 9시 뉴스

백연옥

이석기

이석기

'겉과 속이 다르다'는 《레드슈즈》 배경의 가장 큰 키워드다. 숲속에 위치한 화장실(위의 오른쪽)도 그 콘셉트에 충실하다.

이석기

박종원

이석기

최민정

박종원

최민정

최민정

이석기

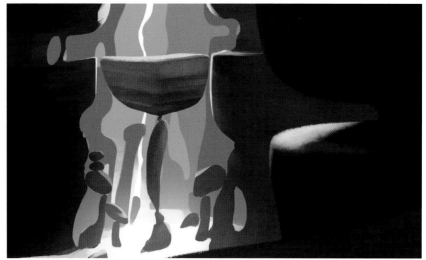

최민정

이석기

정치열

여러 아티스트가 동일한 공간을 저마다 그려 보면서 작품 전체의 스타일을 설정해 나갔다.

3D 공간 만들기

| 1 위태로운 바위 | 2 화이트 성 | 3 숲 | 4 동화 속 공간들 |

공간의 중요도(노출 빈도)에 따라 나눈 네 개 블록(구역)

싸이더스 스튜디오는 이야기의 흐름에 따라 공간(배경)을 만들지 않았다. 《레드슈즈》에는 두 개의 축이 있다. 첫 번째는 레드슈즈가 난쟁이들과 힘을 모아 사라진 아빠를 찾는 것, 두 번째는 레지나가 레드슈즈가 신고 도망친 마법의 빨간 구두를 찾는 것이다. 이렇게 두 줄기의 이야기가 맞물려 돌아간다. 그리고 각각의 이야기는 해당 캐릭터들이 머무는 공간을 중심으로 전개되는데, 위태로운 바위(난쟁이 집)와 화이트 성이다. 두 공간 사이에는 숲으로 대표되는 자연환경과 골든구스로 대표되는 마을이 있다.

대부분의 애니메이션 프로덕션은 전체 공간을 먼저 작업한 다음 세부 공간을 작업하는 방식으로 진행된다. 콘셉트의 일관성을 유지, 발전시킬 수 있다는 장점 때문이다. 다만 시간적-재정적 기반이 받쳐 주어야 한다. 그렇지 못하면 전체 공간을 채우지 못해 곳곳이 비거나 전체 공간을 채우기 위해 전반적인 완성도를 떨어뜨리는 악수를 두게 된다. 메이저 스튜디오에 비해 기반이 약한 국내 스튜디오들의 고질적인 문제기도 하다. 한정된 시간과 재원으로 이 문제를 해결할 방법이 무엇일까 고민한 끝에 싸이더스는 '공간 분할'을 떠올렸다.

STEP 1 블록 만들기

어셋asset은 장면을 위해 필요한 모든 요소를 말한다. 캐릭터, 공간(배경), 소품이 모두 포함된다. 캐릭터가 만들어지는 과정처럼 모든 어셋은 동일하면서도 조금씩 다른 과정을 거치면서 완성된다.

캐릭터 디자인처럼 일단 콘셉트 디자인에 따라 공간을 모델링(모형화)하고 움직임이 필요한 사물이나 인물이 있다면 리깅(뼈대) 작업을 한다. 이와 같은 과정을 통해 완성된 공간에 카메라를 배치하여 캐릭터가 연기할 화면을 지정하고, 마지막으로 캐릭터가 연기하는 장면(숏)을 만든다. 도안에 따라 세트를 건설하고 완성된 세트에 제작진과 배우들이 모여 장면을 만드는 실사 영화의 세트 촬영과 비슷하다. 다만 실사 영화는 일단 촬영을 마치고 촬영본을 모아 후반 작업에서 VFX 작업을 한다면, 3D 애니메이션에서는 전 과정이 VFX 작업이라고 볼 수 있다. 실사 영화에서는 후반 작업이 되는 시각 효과가 3D 애니메이션에서는 제작 과정의 중심이 된다. 공간을 구성하고 만드는 모든 과정이 시각 효과에 포함되기 때문이다.

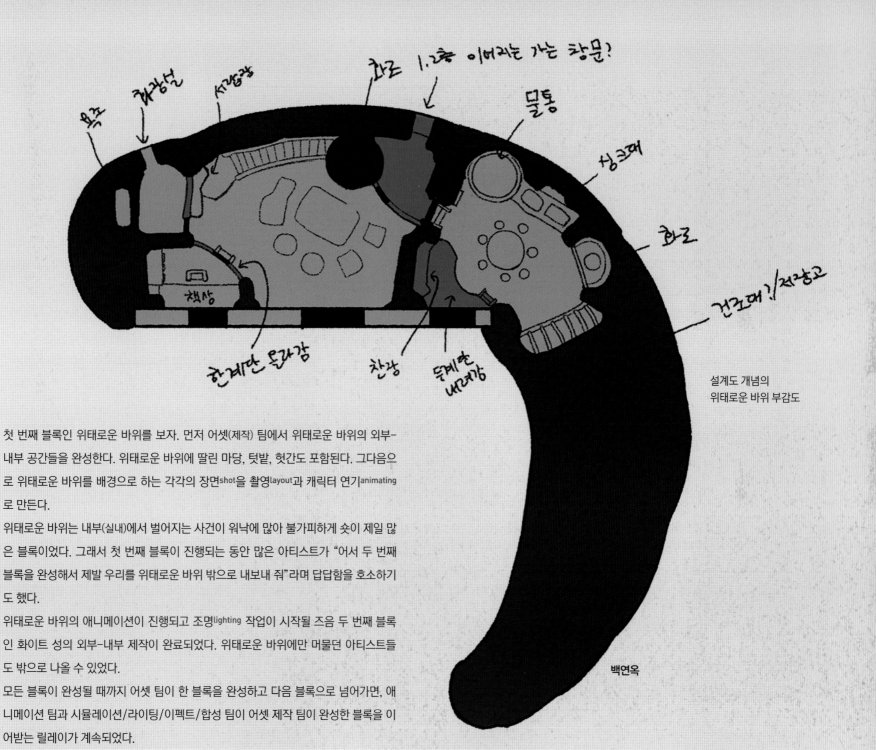

설계도 개념의
위태로운 바위 부감도

첫 번째 블록인 위태로운 바위를 보자. 먼저 어셋(제작) 팀에서 위태로운 바위의 외부-내부 공간들을 완성한다. 위태로운 바위에 딸린 마당, 텃밭, 헛간도 포함된다. 그다음으로 위태로운 바위를 배경으로 하는 각각의 장면shot을 촬영layout과 캐릭터 연기animating로 만든다.

위태로운 바위는 내부(실내)에서 벌어지는 사건이 워낙에 많아 불가피하게 숏이 제일 많은 블록이었다. 그래서 첫 번째 블록이 진행되는 동안 많은 아티스트가 "어서 두 번째 블록을 완성해서 제발 우리를 위태로운 바위 밖으로 내보내 줘"라며 답답함을 호소하기도 했다.

위태로운 바위의 애니메이션이 진행되고 조명lighting 작업이 시작될 즈음 두 번째 블록인 화이트 성의 외부-내부 제작이 완료되었다. 위태로운 바위에만 머물던 아티스트들도 밖으로 나올 수 있었다.

모든 블록이 완성될 때까지 어셋 팀이 한 블록을 완성하고 다음 블록으로 넘어가면, 애니메이션 팀과 시뮬레이션/라이팅/이펙트/합성 팀이 어셋 제작 팀이 완성한 블록을 이어받는 릴레이가 계속되었다.

1블록-위태로운 바위

난쟁이들이 사는 집을 포함한 외부와 내부 공간인 침실, 서재, 거실, 부엌 공간 등이 속한다.

2블록-화이트 성

화이트 성의 외부와 내부 공간인 화이트왕의 서재, 마법거울의 방 등이 속한다.

3블록-숲

나무와 숲길, 강과 절벽, 꽃밭 등으로 이루어진 자연 공간 등이 속한다.

4블록-동화나라의 여러 공간

1-3블록을 제외한 공간들로, 대표적으로 상점가인 골든구스 마을, 애버리지 성이 속한다.

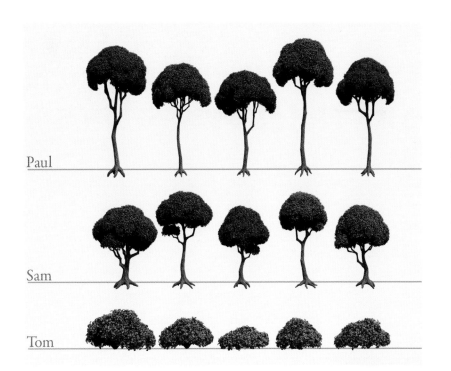

Paul

Sam

Tom

STEP 2 모듈(부품) 어셋을 활용한 배치 작업

숲과 나무, 길, 언덕, 건물 등의 공간 요소는 여러 장면에서 다양하게 활용 가능하도록 부품화(모듈화)했다. 예를 들어 숲은 레드슈즈가 빅버니에게 쫓기는 길, 레드슈즈가 아더와 엑스칼리버 바위로 향하는 길, 멀린이 빅버니를 타고 달리는 길, 레드슈즈와 멀린이 걷는 길 등으로 다양하게 등장한다. 이들은 하나씩 따로 만들지 않았다. 숲의 구성 요소인 나무, 풀, 바위, 꽃 등 구성 요소를 목록화하고 스타일 가이드를 통해 모듈을 만들었다. 이 모듈을 콘셉트와 스토리에 따라 재구성, 재배치하여 새로운 공간을 만들어 나갔다.

'언덕'의 경우 모두 9개의 모듈을 만들었다. 이를 여기저기에 조합함으로써 (난쟁이들이 사는) 위태로운 바위를 비롯한 주변의 언덕들이 만들어졌다. '나무'는 20여 개의 모듈을 만들었다. 역시 배치에 따라 전혀 다른 공간이 탄생했다. 몇 개의 모듈을 만들지는 활용 빈도에 따라 정했다. 같은 숲길이라도 기찻길처럼 쭉 뻗은 직진 길, 오르막 직진 길, 좌우 곡선 길 등을 만들고 배치에 변화를 주어 다른 느낌의 공간을 생성했다. '건물'도 8채의 형태가 있다. 이들을 색과 배치만 달리하여 다채로운 도시의 골목길을 구현했다. 공간 요소 제작 시간은 줄이면서도 전체 배경을 풍성하게 유지할 수 있게 하는 전략이었다.

장무현(《레드슈즈》 공동감독/CG 슈퍼바이저) & 이석기(《레드슈즈》 아트 디렉터) & 정삼성(《레드슈즈》 각색 작가)

《레드슈즈》 제작이 모두 끝난 어느 날, 장무현 공동감독, 이석기 아트 디렉터, 정삼성 각색 작가가 한자리에 모였다. 이들이 《레드슈즈》 제작 과정에 숨겨진 이야기를 전한다.

정삼성 작품 이야기를 나누기 전에 각자 무슨 일을 맡았는지부터 소개해야 할 것 같다. 각색 작가는 스토리를 시각적인 이미지로 전환하는 작업을 한다. 나는 연출진, 스토리보드 팀과 《레드슈즈》의 최초 시각화 작업을 맡았다.

이석기 아트 디렉터는 작품의 비주얼을 담당한다. 갖가지 요소와 아이디어들을 하나의 룩으로 통합하기 위해 스토리처럼 아트의 구조(스트럭처)를 세운다. 《레드슈즈》와 같은 장편에서는 좋은 그림 이상으로 세계관을 통합하는 아트워크를 계획하고 만들어 나가는 임무가 주어진다.

장무현 CG 슈퍼바이저는 작품의 비주얼적인 구현에 대한 구체적인 기술 방향을 제시하고, 그에 따라 제작에 관련된 운용 및 파이프라인 등을 결정하는 역할이다.

정삼성 장 감독님은 공동감독도 맡았다. 이런 경우가 흔치 않은 걸로 안다.

장무현 사실 독특한 경우다. 통상적으로 공동감독과 CG 슈퍼바이저를 겸임하지 않는다. 작품을 바라보는 관점이 대치되는 부분이 많기 때문이다.

하지만 《레드슈즈》는 공동감독과 CG 슈퍼바이저를 겸임했기 때문에 비주얼 디벨롭에서부터 작품이 완성되는 최종 이미지까지 모든 것을 고려한 설계가 가능했고, 이것이 효율적인 결과로 이어졌다. 아트와 제작은 물과 기름처럼 겉돌아서 손실이 나는 경우가 많기 때문이다.

정삼성 구체적으로 어떻게 이루어졌는가?

장무현 홍성호 감독님이 스토리 전반을 책임졌다면 나는 비주얼 전반을 책임졌다. 아트에서 프로덕션까지 전문적인 지식이 필요한 부분에 집중했다. 이야기에 해당하는 캐릭터 연출은 홍성호 감독과 김상진 애니메이션 감독이 주도했고, 그 외의 비주얼에 해당하는 아트, 제작 등은 각 팀장들과 내가 맡았다.

이석기 아트 디렉터에게도 계획된 아트워크를 바탕으로 프로덕션을 예측하고 이끌어 나가야 하는 책임이 주어진다. 계획대로 결과를 도출하기 위해 아티스트들을 설득하고 유도하는 것도 아트 디렉터의 몫이다.

정삼성 나 역시 작가이면서 연출 팀 역할까지 함께했다. 우리 모두 일당백은 아니더라도 두 가지 역할은 한 것 같다.

장무현 그럴 수밖에 없었던 것이, 《레드슈즈》는 처음부터 주류 시장(북미 마켓)을 노리고 기획되었기 때문에 애니메이션의 퀄리티를 끌어올리자는 데 공감대가 있었다. 서로의 전문 영역에 집중할 수 있도록 역할을 나누고, 그것을 끝까지 책임지는 방식이었다. 이러한 역할 분담이 작품의 퀄리티를 올리는 데 중요한 기반이 되었다고 생각한다.

정삼성 즐거운 일만큼이나 괴로운 일도 많았다.(웃음)

이석기 맞는 말이다. 우리가 함께한 '동화나라'를 만들어 가는 작업은 2인3각 경기 같았다. 아트 팀에서 공간 콘셉트를 디자인하면 프로덕션 팀이 구현했다. 서로의 생각이 일치되지 않아서 힘들기도 했지만 이렇게 잘 완성되었다. 하지만 다시 하라고 하면 못할 것 같다.

장무현 동감. 대부분 만족이지만 솔직히 아쉬운 부분도 있다.

이석기 나는 위태로운 바위와 골든구스 마을이 그렇다. 프리-프로덕션 단계에서의 계획이 프로덕션 단계에서 흔들렸다. 디자인적으로 가장 공들인 위태로운 바위의 비중은 줄고, 프로덕션 단계에서 추가된 골든구스 마을은 상대적으로 규모가 너무 컸다. 위태로운 바위에 들인 시간이 얼마인데! 감독님은?

장무현 '테마파크'라는 콘셉트가 희석된 것이 아쉽다. 골든구스 마을은 롤러코스터, 화이트 성은 자이로드롭을 모티프로 삼았지만 제작 여건상 애버리지 성만 남았다. 판타지는 아트가 중요한 장르다. 사람들에게 시각적으로 특별한 경험을 하게 해 주어야 하는데, 이것을 강하게 끌고 나가지 못했다. 대중적인 작품을 지향하다 보면 있을 수 있는 일이라 꼭 나쁘다고는 할 수 없지만 말이다. 작가님은 어떤가?

정삼성 나의 경우 '프롤로그'가 그렇다. 프리-프로덕션부터 프로덕션까지, 수십 개의 콘셉트를 잡고 그 몇 배에 달하는 프롤로그를 썼다. 제일 머리 터지게 고민한 장면인데, 도움이 되지 못해서 아쉽고 안타까웠다.

이석기 아니다. 프롤로그는 프로덕션 제일 마지막에 완성된 시퀀스라서 우리 모두 고민이 많았다. 콘셉트가 바뀔 때마다 등장하는 새로운 공간에 우리(아트 팀)가 얼마나 긴장했는지 모른다. 그러나 프롤로그만을 위해서 또 하나의 공간을 만들기는 힘든 상황이었다. 그래도 결국 골든구스에

서 해결하지 않았나?(웃음)

정삼성 (웃음)어쩔 수 없다는 것을 아니까 서로 이해할 수 있었다. 그럼, 이것만큼은 뿌듯하다 싶은 건 뭔가?

이석기 위태로운 바위 내부가 그렇다. 애니메이션의 공간은 심미성이 아니라 캐릭터를 반영해야 한다고 믿는다. 그런 점에서 난쟁이의 공간은 전체 톤부터 의자, 침대 등 모든 요소가 캐릭터를 반영하고 있다. 하고 싶은 건 다 해 본 곳이기도 하다.

장무현 개인적으로는 엔딩 장면의 비주얼 스토리텔링이다. 캐릭터의 감정을 키 비주얼과 라이팅(조명)으로 전하면서, 진한 여운을 준다. 애니메이션은 이야기가 가진 본질적인 느낌을 어떻게 시각화할 것인지가 중요하다. 단순히 아름답게 보여야 한다는 생각을 경계해야 한다.

이석기 한 가지 더 있다. '나무' 콘셉트의 크리처(우드베어, 자이언트베어, 빅버니)는 《레드슈즈》가 자랑하는 독특한 캐릭터들이다. '사과나무에서 열리는 구두'를 바탕으로 한 콘셉트로 특이성을 획득했다. 원래 털북숭이 토토로에 가까웠던 빅버니가 나무가 되면서 보다 재미있어졌다. 아트 콘셉트가 캐릭터로 구현된 가장 좋은 예가 아닐까 싶다.

정삼성 개인적으로 애니메이션 제작에서 중요하다고 생각하는 게 있나?

이석기 비주얼(룩)의 '기준'을 잡아 가는 과정? 신중할 수밖에 없었고, 부담도 컸다.

장무현 맞는 말이다. 비주얼 디벨롭은 프로덕션의 기준이다. 기준이 잘못되면 모든 게 잘못된다.

이석기 특히 국내 프로덕션에서 취약하다.

장무현 디자인을 구현하려면 수없는 시뮬레이션이 필요하다. 색과 규모, 재질까지 고려해서 말이다. 사실과 사실적인 것은 다르다. 애니메이션의 사실적인 것이란, (실재하지 않지만) 실제로 존재하는 것 같은 믿음을 주는 것이지, 실사와 같은 사실이 아니다.

이석기 말씀처럼 제작 과정 전반에서 끊임없이 이야기하고, 싸우고, 조율했던 부분이다. 첫 장편이라 과장(애니)과 재현(실사)에 대한 이해가 많이 부족했다.

장무현 모두들 처음이라 진통도 많았다. 빠듯한 제작 스케줄 탓도 있지만 진짜 문제는 관습과 관성에 기대어 자신의 역할을 망각하는 것이라고 본다.

이석기 그래서 우리가 한 것이 '작전'이었다.(웃음)

정삼성 기억난다. 무언가 계획할 때마다 머리를 맞대고 전략 짜는 모습을 참 많이도 봤다. 그것도 깊은 밤에!

이석기 (웃음)계획마다 설득의 방법이 달라야 했으니까. 자이언트 길에서의 추격전 같은 경우 홍성호 감독님을 설득하느라 애를 먹었다.

정삼성 어떤 점 때문에?

이석기 감독님은 이 장면이 너무 어둡고 무거운 톤이 되는 부분을 우려하셨다. 그렇지 않다는 것을 옐로에서 레드로 변해 가는 키 비주얼 플랜으로 보여 드렸다.

장무현 (웃음)종종 애니메이션 제작은 어떻게 하느냐는 질문을 받는다. 답은 늘 "상황에 따라 다르다". 검증된 인력과 시스템이 갖추어지지 않았기 때문에 매번 달라지는 변수를 빠르게 파악하고 적절하게 대처하는 능력이 관건이다. 필요 없는 정보는 과감히 버리고, 필요한 것에 대한 정확한 정보를 제공해야 한다. 모든 수단을 동원해서 미래의 결과물을 정확하게 예측하는 방법만이 오차와 변수를 줄이는 유일한 방법이다.

정삼성 그것이 프로덕션 규모에 비해 제작이 빨랐던 이유라고 본다.

장무현 디자인과 프로덕션이 거의 동시에 시작되면서 시간이 부족해서 효율에만 집중한 것은 아쉬운 부분이다. 좀 더 다양한 방향으로 테스트해 보는 즐거움이 큰데, 그 부분을 할 여유가 없었다. 애니메이션의 진정한 재미는 예측한 대로 나왔을(확인하고 증명되었을) 때의 희열이다. 정말 노력한 만큼 결과로 나오기 때문에 실사와 같은 우연이나 마법 같은 일은 일어날 수 없다.

이석기 동감한다. 애니메이션의 진짜 매력은 무에서 유를 창조한다는 것이다.

상상과 창조의 영역이 무한대다. 캐릭터를 만드는 과정에서 캐릭터를 알아 가고, 완성되어서야 우리의 캐릭터가 된다. 그 자체가 마법이다.

정삼성 그 마법 같은 애니메이션의 미래를 어떻게 보는지 궁금하다. 창작자이자 직업인으로서 말이다.

이석기 넷플릭스나 유튜브로 대표되는 플랫폼의 각축전이 올 것 같다. 지금보다 심의도 약해지고, 표현의 자유도가 넓어지면서 새로운 스타일의 애니메이션이 나올 것이라고 본다. 넷플릭스의《러브, 데스+로봇》(2019) 시리즈가 그런 경우다. 감독님은?

장무현 솔직하게 말하자면 지금의 극장 애니메이션은 정체기에 있는 듯하다. 주류 스튜디오만이 아니라 로컬 무비들까지 가족 영화에 국한되어 있다. 게다가 수년간 비슷한 패턴이 반복되어 영상에 대한 참신함은 기대하기 어려워지고 있다. 당연히 완성도가 뛰어난 브랜드 스튜디오 작품만이 시장을 독점한다. 시대와 환경이 변하는 지금, 시장은 양분화되고 있다.

정삼성 앞으로 어떤 시대가 올 것이라 보는지?

장무현 메이저 스튜디오만이 성공하는 극장 중심의 전통적인 시장과 압도적인 파급력의 모바일 플랫폼이나 스트리밍 시장으로 산업이 재편될 것이다. 앞으로 극장 외의 시장이 주류로 자리 잡아 가는 만큼 분명히 참신하고 다양한 시도들이 많아지리라 본다.

이석기 기술이 발전할수록 애니메이션에서도 소규모의 인원으로 콘텐츠를 만드는 시대가 올 것이다. 구분은 허물어지고, 이야기의 성향과 장르적인 특성이 선택 기준이 될 것이다. 개인적으로 무엇보다 중요한 것은 애니메이션의 본질이 움직이는 그림(아트)이라는 것이다. 내가, 또 사람들이 그 수많은 콘텐츠 중에서 굳이 애니메이션을 찾아보는 이유를 잊지 말아야 한다.

장무현 굳이 따지자면, 행복한 환경이다. 기존의 관습이 소용없고, 수십 년간 구축된 사회적 가치가 파괴되는 시대다. 과거 기준에서 비정상적인 모습이 보편적인 현상이 되고, AI나 로봇 등이 우리 삶으로 들어오는 등

급격하게 변화하고 있다. 사람들이 콘텐츠를 소비하는 방식과 니즈 역시 완전히 변해 가고 있다. 나 역시 그러한 변화에 맞는 콘텐츠를 준비해 나가고 있다.

정삼성 응원하겠다. 이제는 관객들과 이야기 나눌 시간이다. 즐겁고 행복한 순간이 되었으면 한다.

*코멘터리는 정삼성 작가가 정리했다.

최민정

최민정

동화나라 공간 운영

테마파크에는 관람객들이 설계된 동선에 맞게 이동하는지, 대기 줄이 너무 길거나 고장 난 곳은 없는지를 관제하는 이들이 있다. 애니메이션 프로덕션에서는 CG 슈퍼바이저와 라인 피디, IT(기술) 팀과 R&D(기술 개발) 팀이 그 역할을 맡는다. 고윤아 라인 피디는 "제작 데이터의 이동 동선은 제작 라인의 흐름, 곧 테마파크의 동선이다. 이게 꼬이면 관람객(제작 팀)은 무한 대기하면서 하루를 날릴 수도 있다"고 설명한다.

예정된 제작 기간 내에 4개 블록을 모두 완료하기 위해서는 개별 블록의 완성도만큼이나 전체적인 균형과 속도도 중요했다. 시간과 공력 분배 실패가 제작 실패로 이어지기 때문이다. 싸이더스는 제작과 제작 관리에 필요한 모든 데이터를 통합하고 관리할 수 있는 파이프라인을 구축했다. 제작 데이터 툴인 '어셋맨'과 제작 관리 전문 프로그램인 '록맨'은 데이터를 공유함으로써 한정된 시간과 자원을 효율적으로 운용할 수 있었다.

록맨 LOCMAN

제작 지연은 제작비 상승과 직결된다. 이 때문에 제작이 예정된 일정 안에 이루어질 수 있도록 제작 과정에서 발생하는 모든 정보를 파악하고 취합하려고 한다. 어디에서, 어느 순간, 누구에게, 무슨 일이 발생했는지 알아야 일정을 조율하고 문제를 해결할 수 있기 때문이다. 기존의 국내 스튜디오들은 이러한 문제를 말 그대로 발로 뛰며 해결했다. 이 방법은 한 파트에서 일어나는 일이나 작은 오류들은 해결할 수 있지만 둘 이상의 파트가 연관된 일이나 전체 제작 과정에서 생기는 문제라면 해결 속도가 느리고 그만큼 비효율적이다.

싸이더스는 불필요한 의사소통과 이로 인한 시간 소모를 최소화하고자 제작에서 발생하는 모든 데이터를 수집, 종합하여 작업 진행과 완료 상황을 파악할 수 있는 록맨 프로그램을 개발했다. 이는 각 파트 간의 원활한 의사소통과 아티스트 간의 의사 결정에서 중요한 판단 기준이 되었다. 또한 전체 제작 진행률을 파악하고 계획을 수립하기 위한 통계 데이터를 제공했다. 데이터 분석에 기반한 진행은 기존의 어느 국내 애니메이션 스튜디오와도 차별화되는 지점이다.

어셋맨 ASSETMAN

어셋은 하나만 제작되지 않는다. 레이아웃(촬영)용, 애니메이션용, 라이팅(조명)용 등 용도별로 있다. 제작 단계에 맞게 선택하여 사용하면 된다.

오른쪽은 난쟁이들이 거실에 모여 앉아 작전 회의를 하는 장면이다. 이 장면을 맡은 애니메이터는 먼저 레이아웃용 어셋 목록을 불러와 화면을 구성한다. 레이아웃 작업이 완료되면 다음으로 애니메이션용 어셋 목록을 불러와 캐릭터를 하나하나 움직이며 연기한다. 마지막으로 애니메이션이 완료되면 이를 라이팅용 어셋 목록에 업데이트한다.

이와 같은 방대한 과정을 아티스트(작업자) 개인이 일일이 모아 구축하기란 매우 힘들다. 따라서 장면 구성을 자동화하는 파이프라인 개발을 시행했다. 애니메이터들은 이 파이프라인을 기반으로 어셋맨 프로그램을 사용함으로써 파트별로 필요한 어셋을 자동으로 구성할 수 있었다. 장면 구성에 필요한 정보를 매번 구축하거나 정보를 찾을 필요가 없어진 셈이다. 기술적인 문제를 해결하느라 시간을 허비하는 일 없이, 창조적인 작업에 시간을 쏟을 수 있는 환경이 만들어졌다.

레드슈즈의
공간들

백연옥

위태로운 바위

1블록

저주받은 일곱 난쟁이(일곱 왕자)가 사는 보금자리로, 방문객이 찾아오기 힘든 곳에 존재하는 외딴 공간이다. 백설공주 이야기에 등장하는 숲속의 오두막과는 정반대인 화려한 성채인데 자세히 보면 꼭 종이로 오려 만든 느낌이다. 사실 성채는 흉내만 낸 가짜이고 정면만 그럴싸하다. 앞모습만 화려한 난쟁이들의 집은 왕자 시절을 그리워하는 일곱 난쟁이의 허세를 형상화하는 동시에 저주받은 후 어느 정도의 시간 동안(적어도 이 집을 만들 시간 동안)은 난쟁이의 삶을 살았음을 보여 준다.

최민정

132

레미 살몬

백연옥

위태로운 바위의 탄생

난쟁이들의 공간을 구상하는 최초의 열쇠는 그들이 저주를 풀기 위해 동화나라 공주들을 꾀는 장면이었다. 여러 개의 성이 공존하는 동화나라에서 선천적으로 높은 지형에 우뚝 솟은 자신의 성을 가리키며 허세를 떠는 난쟁이들의 모습이 보이면 재미있지 않을까? 그래서 제작진은 높은 곳에 위치한 가짜 성을 떠올렸다.

인적이 드문 높은 언덕 위에 위치한 난쟁이들의 성. 저주받은 자신들의 삶을 노출하지 않아도 되기 때문에 난쟁이들의 모순된 상황을 공간을 통해 보여 줄 수 있었다. 껍데기만 남은 과거의 영광에서 벗어나지 못해 만든 가짜 성은 난쟁이들의 캐릭터를 표현하는 또 하나의 재미 요소가 되었다.

이처럼 위태로운 바위는 위태롭고 불안한 분위기를 강조하는 방향으로 디자인되었다. "콥-하우스cob house(영국식 전통 초가집)와 오두막 디자인을 참고해 난쟁이 집의 나무 대들보를 세웠다. 회반죽으로 벽면을 꾸미며 공간을 곡선으로 나누었고, 재활용 디자인 소품들을 채워 넣음으로써 차가운 동굴 안을 재미있고 따뜻한 공간으로 만들고 싶었다"고 백연옥 공간 디자이너는 말한다.

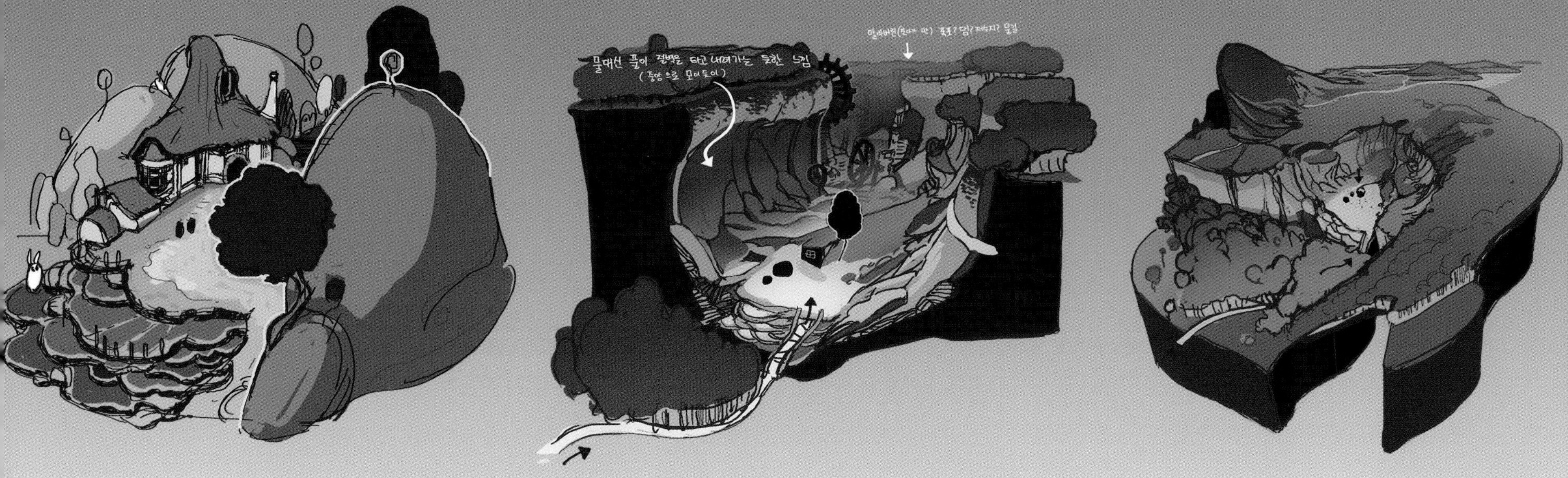
물대신 풀이 절벽을 타고 내려가는 듯한 느낌
(중앙으로 모이듯이)
말라버린
폭포? 댐? 저수지? 물길

백연옥

초기 설정부터 외부 사람들과 단절되는 상황을 다양한 지형으로 구상했다.

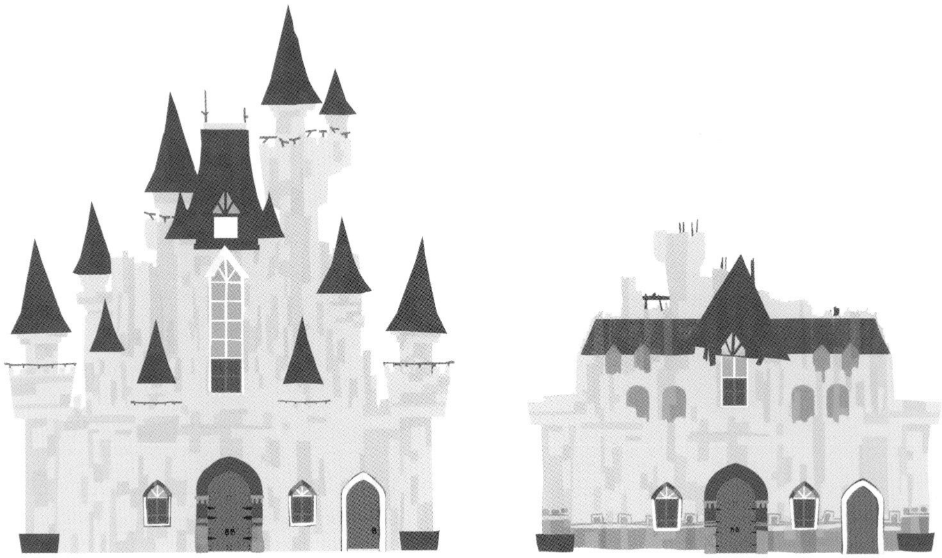

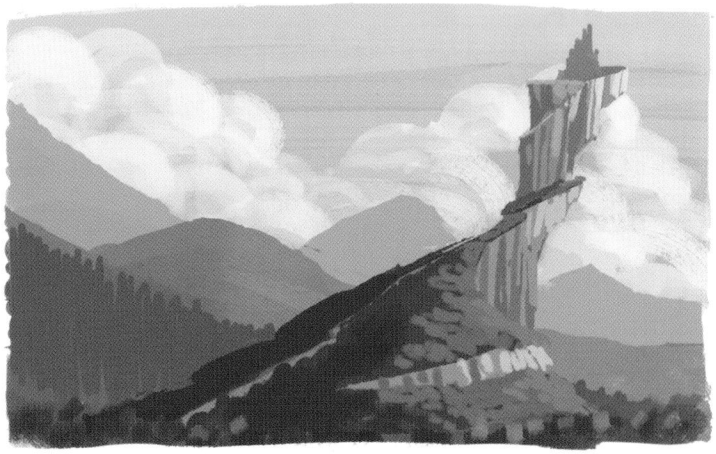

이석기

뾰족한 첨탑의 화려한 궁궐 같지만 앞모습만이 다. 재주 많은 세쌍둥이가 합판으로 만들었다.

위태로운 바위 구석구석 **마당**

백연옥

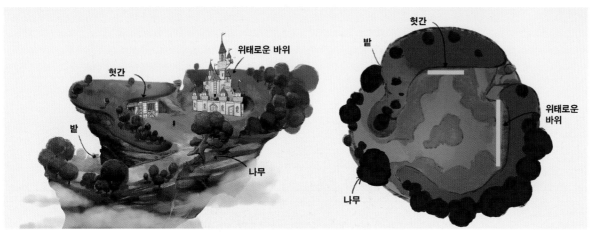

백창래

제작진은 언덕 꼭대기라는 지형을 최대한 활용하여 난쟁이 집을 비롯한 외부 구조물들을 제작했다. 난쟁이 집 1층은 동굴처럼 언덕 안쪽을 파고 들어간 형태다. 계단을 통해 언덕 윗부분에 만들어진 2층 침실과 연결되는 특색 있는 구조다. 독특한 언덕 구조는 난쟁이들이 애버리지 왕자와 전투를 벌일 때 비로소 진가가 드러난다. 난쟁이들은 곳곳의 지형을 잘 이용하여 애버리지의 공격을 막아 낸다. 가장 번뜩이는 아이디어는 앞면만 있는 가짜 성을 이용하여 애버리지 일당을 일망타진한 것이다. 덕분에 난쟁이 집의 실체가 드러난다.

헛간은 멀린과 레드슈즈가 서로의 마음을 보이는 로맨틱한 공간이다. 두 사람은 이 곳에서 일련의 사건을 통해 알게 된 서로를 향한 진심을 내보인다. 레드슈즈는 멀린을 향한 호감이 애정이 되었음을 느끼고 구두를 벗어 자신의 본모습을 보여 주려고 하지만 실패한다. 자신도 모르게 아름다운 외모를 갖고 싶다는 욕망이 싹텄기 때문이다. 멀린의 진심은 다르다. 레드슈즈를 자신의 저주를 풀어 줄 대상으로만 바라본다.

이석기

이석기

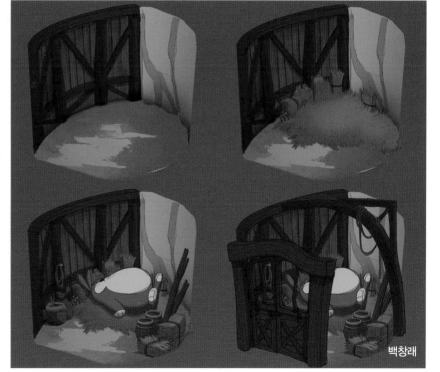

백창래

최민정

빅버니Big Bunny

빅버니는 화이트왕이다. 새 아내이자 마녀인 레지나의 사과를 먹고 빅버니가 되어 왕국에서 쫓겨났다. 당근에 집착하는 토끼의 습성 때문에 한스의 텃밭에 갔다가 스노우의 목소리를 듣게 된다. 반가움에 달려가지만 오히려 난쟁이들에게 수모를 겪는다. 스노우의 바뀐 외모 때문에 딸을 알아보지 못하나 자신이 누구이고 또 딸을 지켜야 한다는 사실은 알고 있다. 결정적인 순간에 스노우의 든든한 조력자가 되어 준다.

위현송 위현송 위현송 위현송

위현송 김상진 김상진

위태로운 바위 구석구석 **거실**

난쟁이 집 1층에 있는 거실은 다각형 모양이다. 동굴 속에 있어 고르지 않다. 이 공간은 천장과 벽쪽의 대들보를 주축으로 중심을 잡아 입체적인 공간으로 완성되었다. 가운데 테이블을 두고 방사형으로 꾸밈으로써 자칫 산만해질 수 있는 점을 보완했다. 거실은 난쟁이들이 모두 모여 저주를 풀방안을 강구하는 회의를 하거나 여가를 보내는 곳이다. 곳곳에 상황판이나 내기하며 놀 수 있는곳, 각자의 개성이 담긴 의자와 테이블, 2층에서 빨래를 받는 공간 등이 배치되었다. 디자이너들은거실을 드나드는 난쟁이들의 일상을 상상하며 자유롭게 그렸던 작업을 즐거운 경험으로 꼽았다.

정운영

거실 인테리어 디자인으로
난쟁이 집의 톤 앤 매너가 결정되었다.

백연옥

정운영

백연옥

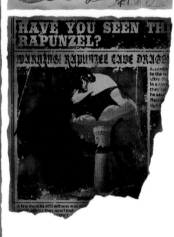

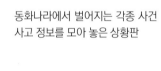

이지민

동화나라에서 벌어지는 각종 사건
사고 정보를 모아 놓은 상황판

최민정

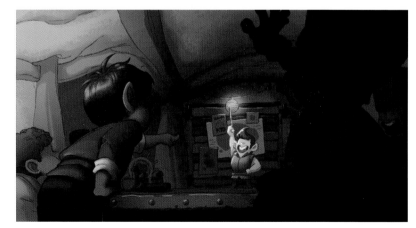

백연옥

위태로운 바위 구석구석 멀린의 서재

서재는 멀린의 개인 공간이라 난쟁이가 아니라 원래 모습
인 왕자 멀린의 스케일에 맞추었다. 제작진들은 마법사라
는 멀린의 캐릭터에 맞게 이 공간을 각종 마법서와 부적으
로 채웠다. 다른 캐릭터들처럼 그도 난쟁이가 되면서 힘과
능력이 약해졌다. 마법력이 약해진 멀린은 달라진 외모만
큼이나 능력의 한계에 부딪히고 좌절하면서 점점 더 부적
의 힘에 의존한다. 동양적인 소품으로 가득한 서재에는 이
런 비밀이 녹아 있다.

이석기

이석기

위태로운 바위 구석구석 **부엌**

한스가 요리하는 조리 구역과 난쟁이들이 식사하는 식탁 구역으로 이루어진다. 난쟁이들이 모이는 공간이라 난쟁이에 맞는 앙증맞은 크기다. 하지만 이곳은 홀로 식사를 준비하는 한스의 개인 공간이기도 하다. 일곱 난쟁이는 혼자 있을 때는 원래 모습이 된다는 설정이라 테이블 높이 기준을 어디에 둘 것인가가 큰 문제였다. 고심 끝에 제작진은 식탁을 제외한 부엌 공간은 한스의 왕자일 때의 크기에 맞추기로 했다.

백연옥

동굴 안이라는 특성상 화로와 램프 조명만 있으면 지하로 오인할 수 있다. 그래서 천장에 구멍을 뚫어 자연광이 들어오는 구조로 설계했다.

144

소소하지만 특별한 비밀 1

백연옥

도넛을 만드는 한스

한스는 특기를 십분 발휘하여 레드슈즈에게 줄 맛있는 도넛을 만든다. 《레드슈즈》를 보고 나면 도넛이 먹고 싶어질 수도 있다. 한스가 만드는 도넛이 정말 먹음직스럽기 때문이다. 이 장면을 위하여 담당자는 무려 한 달 동안이나 온갖 도넛을 자리에 구비해 두었다. 그리고 도넛에 조명도 대보고, 질감도 바꿔 가면서 다양한 룩을 시도했다. 실사 영화의 한 장면 같은 사실감이 두드러진 영상은 이렇게 탄생했다.

위태로운 바위 구석구석 **침실**

레드슈즈와 일곱 난쟁이의 첫 만남이 벌어지는 장소로, 『백설공주』에도 등장한다. 따라서 원전의 패러디와 함께 《레드슈즈》만의 정체성을 세워야 했다. 난쟁이들의 침실은 대개 아늑하지만 개성은 없는 공동 공간이었다. 제작진은 취향과 개성이 뚜렷한 주인공들에게 어울리는 침대를 주고 싶다는 바람으로 각자의 개성이 드러나는 침대를 디자인했다. 잠을 잘 때는 서로를 볼 수 없기 때문에 왕자 사이즈로 설정했다. 또한 레드슈즈와 일곱 난쟁이가 처음으로 대화 나누는 공간이라 1층에 비해서 밝은 채광을 주어 따뜻한 느낌으로 연출했다.

자부심 강한 리더 멀린의 침대는 작은 서재이자 공부방처럼 꾸몄다. 반면 칼 수집이 취미인 아더의 침대에는 그가 수집한 칼과 운동 기구들이 있다. 좋은 먹거리를 강구하는 한스는 잠잘 때도 자식처럼 돌보는 새싹과 각종 발효 식자재를 곁에 둔다. 피노, 노키, 키오, 세쌍둥이는 자신들을 본뜬 사물함 모양의 3층 침대를 사용한다. 패셔니스타 잭의 침대가 가장 화려하다. 개인 금고에는 투명 망토가 들어 있고, 옆에는 전신 거울을 두었다.

백연옥

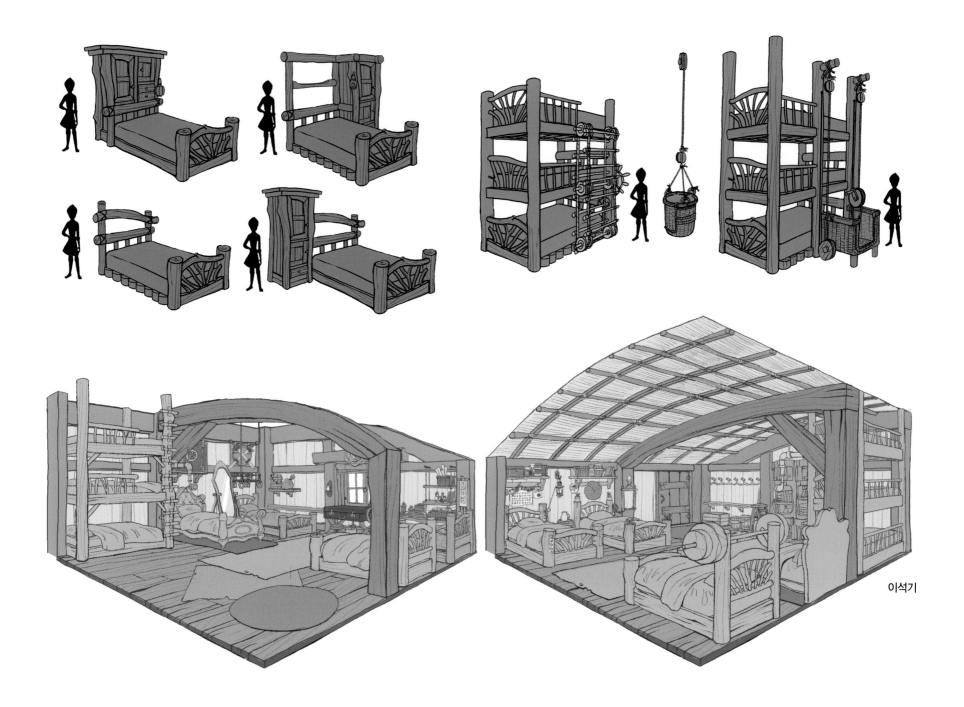

이석기

이석기

2블록 **화이트 성**

중세 시대에 성채는 하나의 도시였다. 화이트 왕국도 화이트 성을 중심으로 여러 마을이 옹기종기 모여 있다. 성으로 들어가는 유일한 통로는 중앙 입구다. 외부와의 완벽한 격리가 가능한 요새라고도 할 수 있다. 레지나가 화이트왕을 유혹한 이유이기도 하다. 레지나는 구두 나무가 잘 자랄 수 있는 환경이 필요했고 조용하고 안정적으로 마법 나무를 키우기에는 화이트 성이 제격이었다. 어리석은 왕은 이 사실을 모른 채 그녀의 유혹에 빠진다. 성에 들어온 레지나는 왕을 비롯한 모두에게 저주를 걸어 사라지게 만들지만 요새 같은 화이트 성의 특징 탓에 이 사실은 외부로 알려지지 못한 채로 마녀 레지나의 성으로 변한다.

정치열

정치열

박종원

백연옥

화이트 성의 탄생

화이트 성은 마녀 레지나의 거대한 욕망을 상징하는 공간이다. 원래는 화이트 왕국의 궁정이었으나 레지나의 소유가 되기 때문에 그녀를 닮은 허세가 가득한 높고 거대한 성으로 디자인했다. 또한 나무 마녀 레지나가 왕국 전체를 지배하고 있음을 직관적으로도 드러내고자 마법거울이 성을 움켜쥐고 있는 느낌으로, 성의 안팎에 나무뿌리를 내렸다. 빛과 외부의 시선을 극도로 꺼리는 레지나를 위해 창은 모두 가렸다. 대신 창문 사이로 희미하게 새어 들어오는 햇빛과 등을 활용하여 최소한의 조명을 유지할 수 있었다.

성의 내부는 크게 구두 나무가 자라는 공간과 마법거울이 있는 공간으로 나누었다. 다른 첨탑들이 이 두 동을 방사 형태로 둘러싸면서도 연결되어 있다. 성벽은 댐의 벽 같은 단단한 재질로 마무리함으로써 단단하면서도 분리된 느낌을 강조했다.

박종원

150

이석기

김용남

백연옥

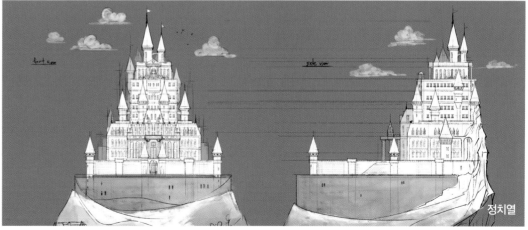

정치열

초기에는 주인공이 마법 구두를 신게 되면서 점점 외모에 집착하고 자신의 모습을 아무에게도 보이지 않게 하고자 성을 점점 높게 올린다는 설정이었다. 그래서 높은 기둥 위에 성이 있는 형태였으나 영화가 현대인의 모습과 욕망을 밀접하게 담고 있다는 점에서 보다 현대적인 건축 양식으로 발전되어 갔다. 이후 스토리 변화와 함께 '테마파크' 콘셉트가 더해지면서 자이로드롭 디자인을 활용하게 되었다.

마법거울 방

마법거울 나무가 자리 잡은 공간이다. 원래는 화이트 왕궁의 정전이었으나 마법거울 나무가 뿌리내리면서 본래 기능을 상실했다. 허영 가득한 왕궁의 면모를 보여 주고자 《레드슈즈》의 여러 내부 공간 중 가장 큰 규모로 디자인했다. 넓이보다는 길이를 강조하는 형태로 제일 안쪽, 깊숙한 공간에 왕좌와 마법거울 나무를 배치했다. 마법거울 나무의 뿌리와 가지들이 바닥과 기둥 곳곳을 파고든 모습은 레지나가 화이트 왕국을 완벽하게 장악했음을 암시한다. 레지나(마법거울)의 허락 없이는 나갈 수도 들어올 수도 없는 공간 구조는 최후의 전투 장면에서 난쟁이들의 탈출을 어렵게 만든다.

정치열

정치열

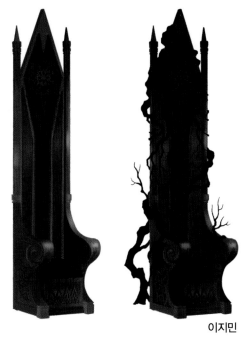

이지민

정치열

마법거울 Magic Mirror

레지나가 가진 마력의 원천이다. 백설공주 이야기에 나오는 마법의 거울이 마녀의 미모를 칭찬하면서도 진실을 말해 주는 존재였다면, 《레드슈즈》의 마법거울은 레지나를 쥐락펴락하는 존재라고 할 수 있다. 악당 레지나의 조력자이자 강력한 힘을 갖고 있다. 레지나가 나무 마녀이기 때문에 마법거울 역시 나무로 된 몸체를 갖고 있다.

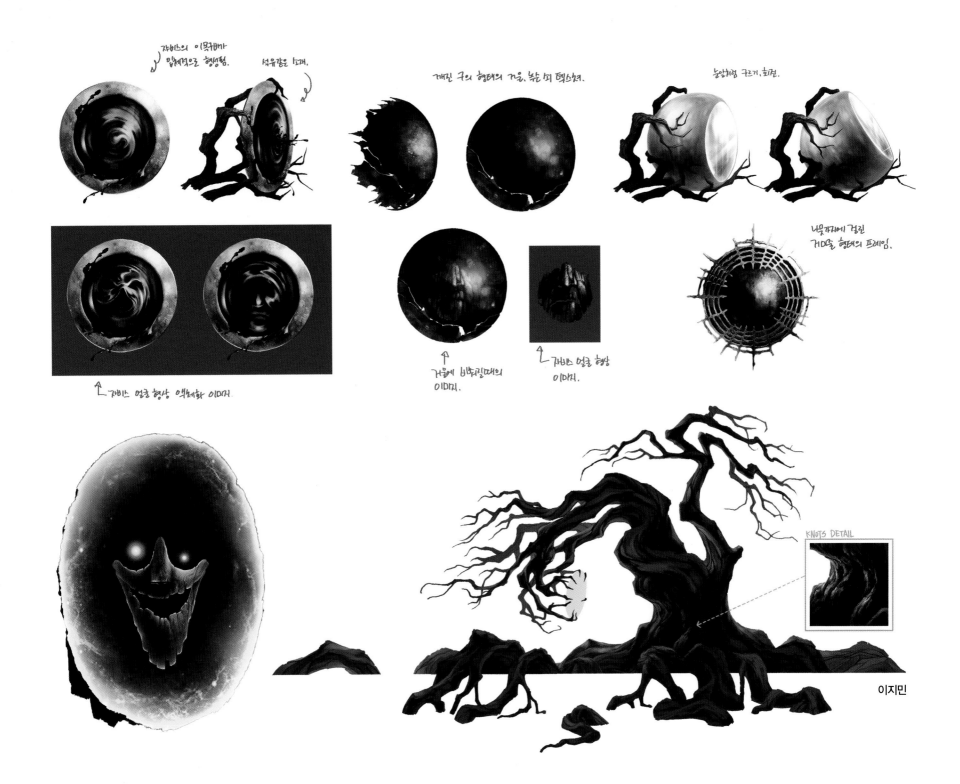

자비스의 이목구비
압체적으로 행성현.

석유같은 소재.

깨진 구의 형태의 거울. 붉은 쇠 텍스쳐.

눈알처럼 구르기, 회전.

나뭇가지에 걸린
거미줄 형태의 프레임.

거울에 비춰질때의
이미지.

자비스 얼굴 형상
이미지.

자비스 얼굴 형상 액체화 이미지.

KNOTS DETAIL

이지민

레미 살몬

화이트 성 구석구석 **구두 나무 방**

구두 나무 방은 레지나의 비밀과 욕망이 소용돌이치는 공간인 동시에 절대적인 힘을 가진 구두 나무가 있는 신비로운 곳이다. 마법 구두는 레지나가 아름다움을 지킬 수 있는 유일한 방법이지만, 그녀조차 통제할 수는 없는 신비한 존재다. 구두 나무에서 열리는 사과는 매일 아침 첫 햇살을 받고 구두로 변하지만 성공 여부는 아무도 모른다.

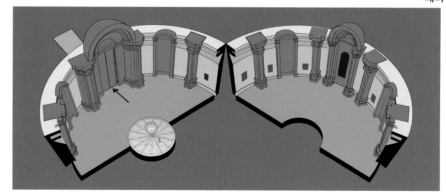

최민정

최민정

최민정

이석기

초상화는 왕궁 집무실 느낌을 내 주는 요소다. 역대 왕들과 화이트
왕의 가족사진, 그리고 스노우의 어린 시절 모습도 있다.

최민정

3블록 숲

숲은 푸른 나무와 숲길, 호젓한 강과 절벽, 아름다운 호수와 꽃밭 등으로 이루어져 있다. 동화나라의 축복받은 자연환경으로, 전체적인 배경에 가깝다. 다른 공간들은 캐릭터의 특징을 뒷받침하기 위해 어떤 설정을 더했기 때문에 다소 인공적이다. 반면에 자연물 구성은 단순화, 도식화했다.

동화나라는 동화 속 주인공들이 모여 사는 환상의 섬이다. 사람의 손때가 묻지 않은 태초의 자연환경 혹은 가능한 한 이상향에 가까운 모습을 만들고자 했다. 하늘을 향해 끝없이 뻗은 나무들과 사람 키보다 큰 수풀, 독특한 지형의 지대 등으로 신비롭고 아름다운 자연이 꾸려졌다.

이석기

정운영

정운영

백창래

근경

A (Basic) B C D E F

원경 근경의 나무 Shape은 더 단순함

A (Basic) B C D E F G

이석기

정운영

이석기

Type-B_1

Type-B_2

Type-B_3

Type-B_4

Type-A_1

Type-A_2

Type-A_3

Type-C_1

Type-C_2

Type-C_3

Type-A_1

Type-A_2

Type-A_3

Type-A_3

Type-A_4

Type-B_1

Type-B_2

Type-B_3

Type-C_1

Type-C_2

언덕 모듈(위)과 협곡 모듈(왼쪽)

숲 구석구석 **꽃밭**

멀린과 레드슈즈는 애버리지 왕자의 호위병들로부터 도망쳐 숲에 도착한다. 눈앞에 펼쳐진 황홀한 보랏빛 꽃밭은 이곳이 안전한 장소임을 한눈에 나타낸다. 또한 멀린의 진심을 드러내는 장치로도 활용된다. 아빠 찾는 일이 더 어려워졌다고 걱정하는 레드슈즈를 위해 그는 꽃밭에 화이트왕의 몽타주를 그린다. 진심이 묻어나는 행동에 레드슈즈의 호감은 애정으로 발전하는데, 영화에서 가장 아름답고 환상적인 장면이다.

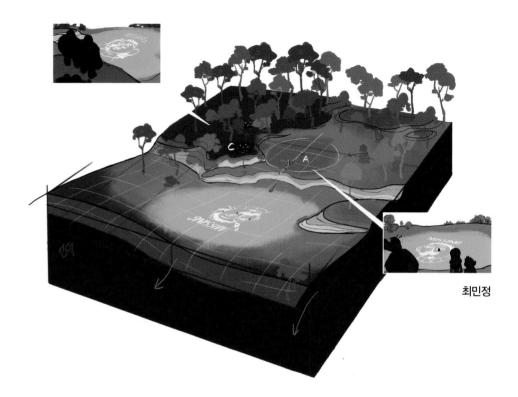

최민정

이석기

소소하지만 특별한 비밀 2

SIMULATION PREVIEW

FINAL RESULT

꽃밭대책위원회 결성

아름답고 환상적인 꽃밭 장면은 두 가지 측면에서 커다란 도전 과제였다. 멀린이 넓은 공간에 화이트왕의 몽타주를 그려야 했고, 그 과정이 아름다워야 했다. 예쁜 꽃밭에 눈에 띄는 몽타주를 그린다는 목표는 처음부터 분명했다. 또 이 장면이 영화 막바지에 완성된 이유도 확실했다. 제작 난이도가 가장 높은 시퀀스라 특별 팀이 꾸려져 각 파트가 머리를 맞대고 방법을 고심한 끝에 원하는 룩을 구현할 수 있었다.

멀린이 그림을 그리기 전의 꽃밭, 꽃잎이 날아가고 남은 꽃밭, 몽타주가 그려진 꽃밭까지 총 3개의 꽃밭이 필요했다. 다른 장면들처럼 공간(어셋)을 제작하고 난 다음에 레이아웃이나 애니메이팅을 할 수 없었다. 그림을 그리는 멀린이 어디로 어떻게 갈지 미리 알 수 없어 빈 공간만 있는 세트 위를 달리는 멀린의 애니메이션을 먼저 진행했다. 그때까지 꽃밭 세트 제작은 보류되었다. 멀린의 동선을 보고서 꽃밭의 컬러, 질감, 패턴을 결정하는 서페이싱의 다양한 시도가 이루어졌다. 여기에 멀린의 움직임에 따른 꽃잎이 날리는 효과가 더해졌다.

구본민 이펙트 슈퍼바이저는 "꽃잎이 풍성하게 흩날리기를 바라는 동시에 흩날리는 꽃잎 속의 멀린 캐릭터가 화면에 잘 보이게 연출해야 했기에 멀린의 동선과 아주 가까운 위치의 이펙트(효과)에는 꽃잎의 밀도를 절반으로 줄여 디테일을 완성했다"고 설명한다. 꽃이 흩날리는 이펙트 작업과 여러 컬러와 조명을 바꾸며 수정을 거듭한 끝에 지금의 아름다운 장면이 탄생할 수 있었다.

숲 구석구석 **호수**

호수는 세상의 모든 연인을 위한 로맨틱한 공간이다. 멀린과 레드슈즈 역시 호수에서 서로의 마음을 확인하고 키스한다. 이곳은 오로지 이 로맨틱한 순간을 위해 디자인되었다. 나무가 빼곡한 숲길에서 시작하여 시야가 트인 호수로 향하고, 나무로 둘러싸인 아늑한 공간에 앉아 노을을 바라본다. 꽃밭과 헛간을 잇는 말랑말랑한 감정이 생겨나는 장소로, 헛간이 멀린이 자신의 이야기를 털어놓는 공간이었다면 호수는 레드슈즈가 마음을 여는 중요한 공간이다. 레드슈즈는 숲길을 벗어나 호수로 향하면서 보다 적극적으로 멀린에 대한 자신의 마음을 표현하고, 자신의 진짜 모습을 고백하려고 한다.

최민정

이석기

최민정

이석기

호숫가 장면은 타인에서 연인이 되어 가는 감정의 단계가 압축되어 있다. 멀린과 레드슈즈의 감정 변화를 시각적으로 보여 주어야 했기에 그림자를 레드슈즈 쪽으로 사선으로 기울였다. 멀린을 향해 기우는 마음을 상징한다.
– 최돈현 라이팅 슈퍼바이저

숲 구석구석
자이언트 길

자이언트 길은 멀린과 레드슈즈가 자이언트베어 무리에게 쫓겨 도망치는 장소다. 위치상으로는 호수를 지나 펼쳐지는, 거대한 협곡이다. 이곳에서 두 사람에게 가장 큰 위기가 닥치는 만큼 빠른 공간 전환이 이루어진다. 자이언트베어와 엎치락뒤치락 이어지는 추격 신의 배경이라 공간 조성 단계에서부터 캐릭터의 동선에 대한 고민이 병행되었다. 온갖 장애물을 단계적으로 배치하고 주인공들이 이를 하나씩 돌파한다는 전략을 세웠다. 상대적으로 약한 멀린이 자이언트 길의 지형지물을 적극 활용함으로써 숨겨진 지혜를 드러낸다.

백창래

백창래

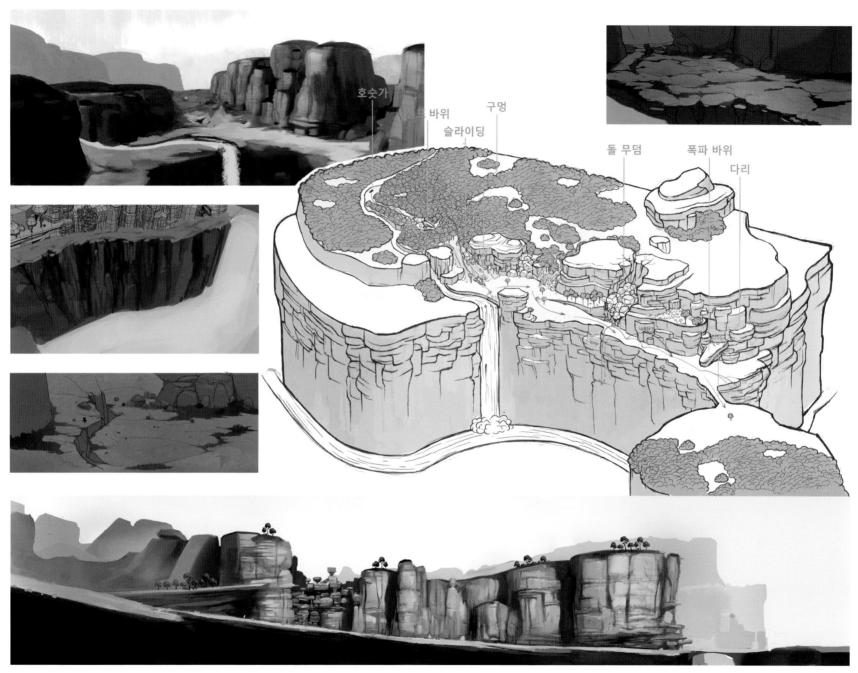

호숫가
묘 바위
슬라이딩
구멍
돌 무덤
폭파 바위
다리

실제 협곡의 모습을 참고한 모델링

이석기, 백창래

동화나라 이곳저곳

박종원

박종원

박종원

백연옥

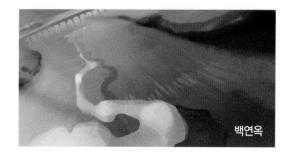

백연옥

동화나라에는 아직 소개하지 못한 여러 장소가 있다. 그중에서도 동화나라 최대의 번화가인 골든구스 마을과 애버리지 왕자가 사는 애버리지 성은 빼놓을 수 없다. 초기에는 골든구스 마을이 현실 세계와 동화 세계를 오갈 수 있는 거울 통로가 존재하는 장소였다. 이곳에는 상인들이 각종 진귀한 현실 세계 물건들을 동화 세계로 가져와 판매하는 거대한 시장이 있었다. 이후 스토리가 바뀌면서 현실 세계는 없어졌지만 동화나라 사람들이 모이는 상업 지구라는 설정은 유지되었다.

169

동화나라 구석구석

골든구스 마을

골든구스는 '황금 알을 낳는 거위'를 뜻하는데, 이름에서부터 책이 연상된다. 역시 책이 콩나무를 타고 올라가 거인을 추락시킨 자리에 지어졌다. 동화나라 제일의 거대 상업 지구지만 사람이 살 수 없는 겉만 번지르르한 공간으로, 현대의 아울렛을 모티프로 디자인되었다. 간판은 근대 산업화의 시작점인 빅토리아 시대를 수놓았던 화려한 간판들과 한국의 간판들에서 가져왔다. 이들이 동화나라라는 판타지 세계에서 이질적으로 보이기를 원했다. 중심가는 인파로 북적이지만 조금만 골목으로 들어가면 화려함은커녕 버려진 가구들과 잿빛의 그늘진 공간만 있다.

마을 입구, 광장, 중심 상점가, 뒷골목으로 구성된 거대한 마을이다. 디자인 팀은 골든구스의 기본 건물 8채를 디자인한 후 서페이싱(사물의 컬러, 질감, 패턴)의 변주에 대한 가이드, 변주된 수십 채의 건물에 대한 재배치 가이드를 작업해 마을 전체를 다채롭고 자연스럽게 구성했다.

① 입구 다리

② 광장 거위 동상

③ 광장 전경

④ 메인 거리

⑤ 메인 거리 초입 계단

⑥ 뒷골목 진입로

⑦ 뒷골목_1

⑧ 뒷골목_2

⑨ 마을 전경

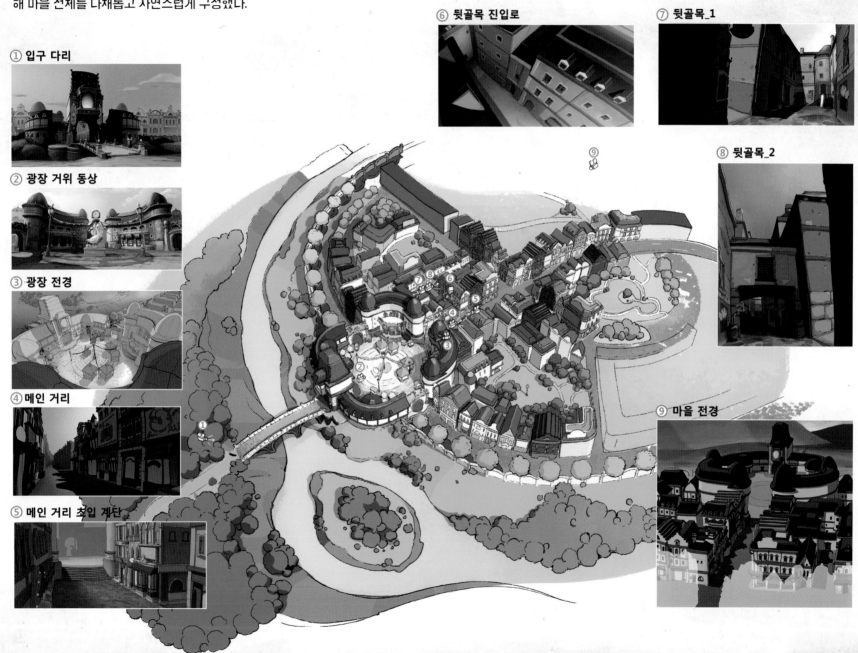

백연옥

골든구스 마을을 구성하는
여러 상점들은 빅토리아풍에서 영감을 얻었다.

백연옥, 이지민

백연옥

이석기

Back   front

박종원

박종원

동화나라 구석구석
애버리지 성

동화나라의 테마파크 콘셉트 가운데 가장 노골적이고 분명한 의도를 가진 공간으로, 대관람차를 기반으로 디자인되었다. 원래는 애버리지 성 주위로 마을이 있었다. 그러나 애버리지가 군주 역할을 수행하기에는 역부족이라고 판단해 성만 남게 되었다. 애버리지 왕자는 누가 뭐라고 해도 자기애가 충만하다. 또 스스로를 브랜드화하는 데 많은 공을 들인다. 성의 중심에 놓인 애버리지 왕자의 황금 동상이나 집무실의 동상은 캐릭터를 드러내는 장치다.

백연옥

백창래

백창래

애버리지 왕자의 집무실 역시 캐릭터의 특성을 보여 주는 데 집중했다. 농구 코트 같은 직사각형 공간에는 책상과 그의 동상만 존재한다. 거대한 창문은 애버리지의 이마 라인과 닮았다. 왕자가 스스로 정의한 자신을 상징하는 색은 레드, 퍼플, 골드다. 초기 콘셉트부터 과장되고 결핍된 인물을 보여 주기 위해 과시적인 디자인들로 설정했다.

숨은 캐릭터 찾기 3

트윈가드 Twin Guard

왜소한 애버리지 왕자가 항상 옆에 두고 방패처럼 쓰는 수하들이다. 쌍둥이 지만 똑똑한 형과 바보 동생으로 캐릭터에 차별을 두었다. 항상 애버리지 왕자와 함께 움직이기 때문에 조형적으로 왕자와 대비되는 실루엣을 의도하고 디자인했다. 가늘고 길쭉한 애버리지와 모든 게 다른, 덩어리처럼 응축된 형태의 모습이다.

최민정

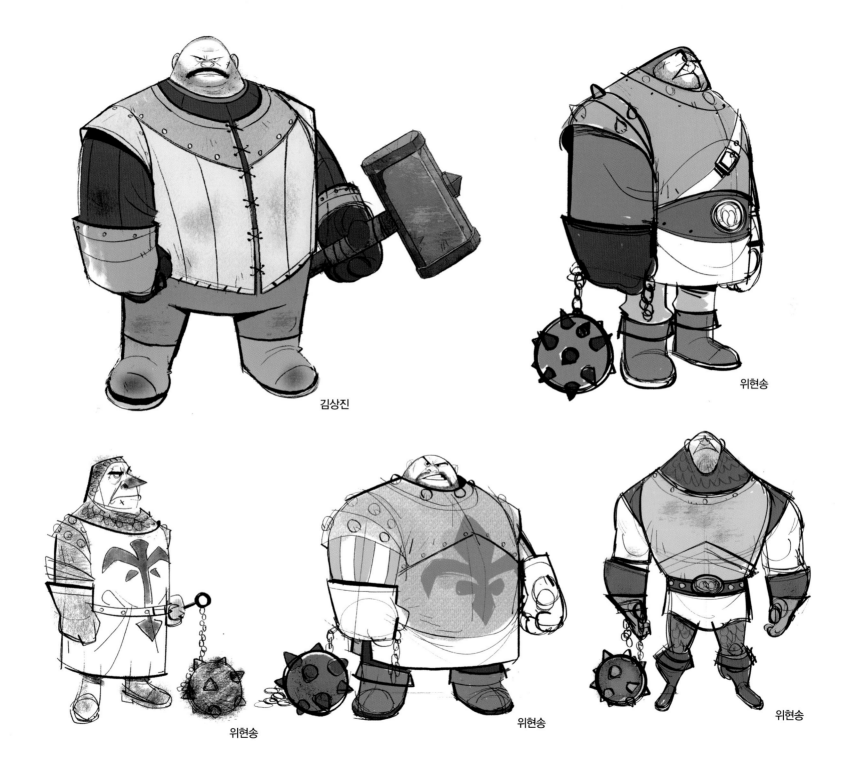

김상진

위현송

위현송

위현송

위현송

자이언트베어 Giant Bear

우드베어와 마찬가지로 레지나의 저주에 걸려 괴물이 되고
만, 애버리지 왕자와 트윈가드다. 화이트왕이 변한 빅버니와
도 연결된다. 레지나의 마법은 인물의 연령과 성격에 따라 외
형이 달라진다. 자이언트베어는 사악한 어른의 변신체라 귀
여운 외형의 우드베어와 달리 흉측하고 거대한 괴물 같다.
우드베어가 어린 나무의 속성을 가졌다면, 자이언트베어는
숯처럼 죽은 나무와 같다. 이 때문에 나무껍질과 잿빛 색상
을 띤다.

최민정

최민정

하체에 비해 발달된 상체는 움직임을 둔화시키지만 거대하고 위협
적인 공격력을 뿜어낸다. 애버리지 왕자와 트윈가드의 컬러를 반영
해 이들이 애버리지 일당이 변한 '괴물'이라는 사실을 나타냈다.

백창래

백창래

이석기

초기 시나리오에 있었던 미로 형식으로 된 잠자는
숲속의 공주의 공간(위)과 라푼젤의 공간(아래)

이석기

동화나라 구석구석 그 외의 공간들

초기 시나리오 디벨롭 단계에서는 동화 테마파크에 대한 콘셉트가 더 강했다. 라푼젤, 잠자는 숲속의 공주, 인어공주가 살고 있는 공간을 디자인하면서 난쟁이들의 저주를 풀기 위한 고군분투를 보다 구체적으로 다루었다.

박종원

이석기

박종원

183

PART 4

또
하나의
이야기

최민정

컬러 스크립트

애니메이션의 색채, 조명, 분위기 등과 같은 색채 흐름을 구성하는 작업이다. 스토리보드가 완료된 다음에 진행하는 사전 제작 과정의 마지막 단계라고 할 수 있다. 캐릭터와 배경의 세세한 표현은 생략되어 있지만 전반적인 분위기와 느낌을 파악할 수 있는 첫 번째 기회이기 때문에 매우 중요하다. 전체 애니메이션의 시간, 날씨, 감정 변화 같은 다양한 연출 의도를 반영하여 시각적으로 계획하는 것이다. 프리-프로덕션 과정이 끝나고 진행되는 프로덕션 과정에 해당되는 컬러 키와 라이팅(조명) 작업에서도 중요한 밑바탕이 된다.

컬러 키

본격적인 제작 단계에서 만든다. 사전적인 의미로는 동일한 색채를 유지하기 위해 등장인물, 소품, 배경의 기준 샘플을 만드는 작업을 지칭한다. 이 작업에서 캐릭터의 행동이나 대사로는 표현할 수 없는 디테일한 감정과 분위기가 완성되기 때문에 애니메이션 스튜디오의 역량을 보여 준다고 할 수 있다.

따라서 사전 제작 과정에서 만들어 둔 컬러 스크립트에서 대략적으로 스케치한 색채 흐름을 보다 세밀하고 꼼꼼하게 계획한다. 컬러 키 작업에서는 장면마다 라이팅(조명)을 통한 상황 연출을 반영하며, 그림 한 장마다 다양한 시각 효과가 구상된다.

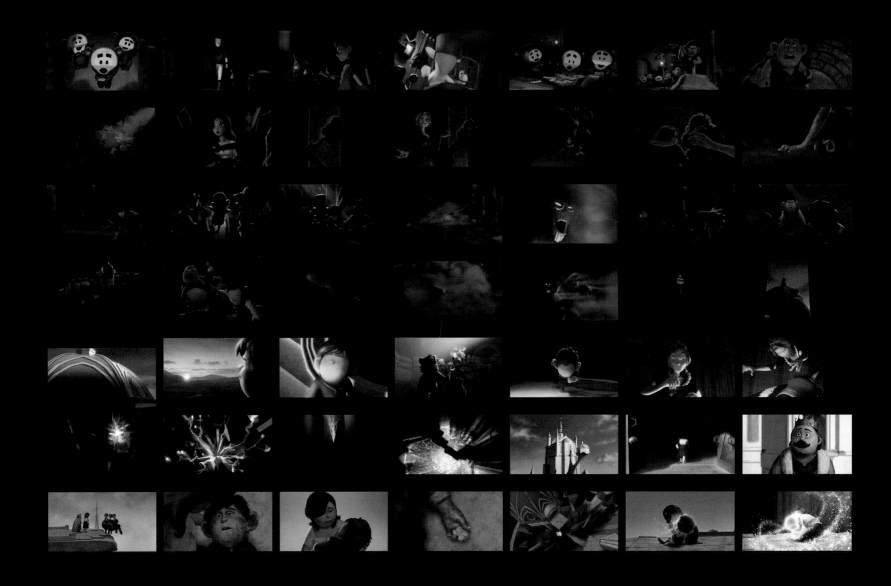

에필로그

"… 그래서 왕자님과 공주님은 오래오래 행복하게 살았답니다."

수많은 동화가 이 한 줄로 장대한 이야기의 결말을 맺는다. 백설공주와 백마를 탄 왕자는, 잠자는 숲속의 오로라 공주와 필립 왕자는, 알라딘과 자스민 공주는… 모두 오래오래 아주아주 행복하게 살았단다. 그런데 백설공주의 곁을 지켰던 난쟁이들은? 잠자는 숲속의 공주의 저주를 풀어 준 요정 플로라는? 미녀와 야수의 사랑을 도와준 촛대는? 우리는 이들에 대한 뒷이야기를 어디서도 찾아볼 수 없다.

《레드슈즈》에는 멀린 외에도 동화나라 왕자들인 한스, 잭, 아더, 그리고 세쌍둥이가 등장한다. 레드슈즈와의 사랑은 이루지 못했지만 우리가 너무 사랑하게 된 여섯 왕자들의 이야기에 귀를 기울여 보자. 이제부터 또 하나의 아름다운 동화가 펼쳐진다.

백연욱, 전미진

멀린과 스노우, 결혼하다

서로를 향한 진심을 깨달은 멀린과 스노우는 많은 동화 속 주인공들처럼 모두의 축복 속에 결혼한다.

결혼식에는 동화나라의 여러 왕자와 공주, 그리고 한스, 잭, 아더, 세쌍둥이가 참석한다.

두 사람을 깊은 부러움의 눈으로 바라보는 이들에게도 사랑이 찾아올까?

아더가 첫눈에 반한 그녀의 정체는?

여섯 난쟁이는 자신들도 진정한 사랑을 찾아 저주를 풀겠다고 다짐한다.

늘 행동이 앞서는 아더가 아름다운 여성의 뒷모습만 보고 성큼성큼 다가간다.

HI~

KISS ME ♡

AHHHHH

걸음아 날 살려라!

하지만 돌아선 여성은 아름다운 '물고기'?

잭의 기상천외한 낙하법

마침내 운명의 짝을 만난 아더

늑대로 변한 자신을 부끄러워하는 빨간모자를 위로해 주는 아더. 둘의 마음은 조금씩 가까워진다.

한스의 요리는 센스가 부족해

용기 있는 여자가 잭을 얻는다

한스, 마침내 사랑을 찾다

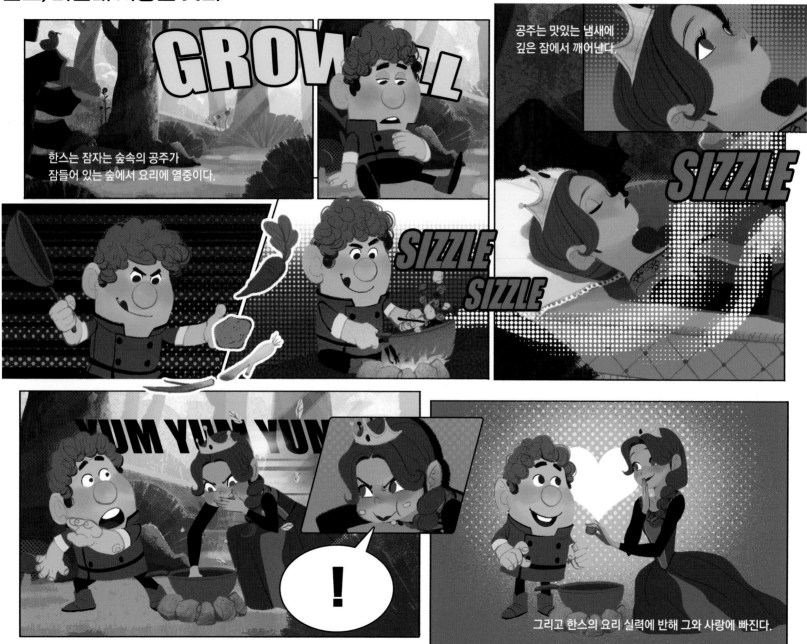

한스는 잠자는 숲속의 공주가 잠들어 있는 숲에서 요리에 열중이다.

공주는 맛있는 냄새에 깊은 잠에서 깨어난다.

그리고 한스의 요리 실력에 반해 그와 사랑에 빠진다.

자느라 느끼지 못한 엄청난 허기를 느낀 그녀는 한스가 만든 요리를 허겁지겁 먹어 치운다.

새로운 우드베어 탄생하다!

피노, 노키, 키오에게 레지나의 마법 사과는 커다란 연구 과제.

그러나 금강산도 식후경! 세쌍둥이는 라면 한 젓가락을 위해 외출에 나선다.

그사이 연구실을 급습한 세 아이의 실수로
마법 사과의 마법력이 폭발한다.

그 결과? 새로운 우드베어 삼 형제가 탄생한다.

감사의 말

출간을 준비하며 예전 자료들을 살펴볼 때마다 여러 감정이 한꺼번에 밀려왔다. 이 책에 담긴 멋진 아트워크를 남겨 준 아트 팀과 김상진 애니메이션 감독님께 먼저 감사드린다. 존경해 마지않는 김상진 이사님과 함께 일한 시간은 우리 모두에게 너무나 소중한 경험이었다. 싸이더스 제작진과 지금은 이곳을 떠났지만 많은 걸작과 추억을 남겨 준 이들에게도 감사 인사를 전한다. 우리 중 한 명이라도 없었다면 《레드슈즈》는 탄생하지 못했을 것이다. 마지막으로 무엇보다 《레드슈즈》를 탄생할 수 있게 한 주역인 홍성호 감독님께 감사 인사를 전한다. 그가 있었기에 《레드슈즈》가 탄생할 수 있었고 완성될 수 있었다. 그는 내가 본 누구보다도 열정적이고 진정성이 있는 훌륭한 감독이었다. 작품과 사람들에 대한 그의 애정, 밤을 지새운 고민들과 지치지 않는 열정에 진심 어린 존경을 표한다.

매일 아침 새로운 꿈과 희망을 위해 오늘을 시작하는 《레드슈즈》의 관객이자 이 책의 독자가 되어 주실 여러분께 『THE ART OF 레드슈즈』가 뜻있는 선물이 되기를, 이것이 또 다른 우리 여정의 시작이기를 바란다.

《레드슈즈》 프로듀서 황수진

2019년 7월 11일 초판 1쇄 인쇄
2019년 7월 25일 초판 1쇄 발행

글 | 정삼성, 곽진영
서문 | 홍성호, 김상진
추천사 | 양우석
발행인 | 윤호권

책임 편집 | 이경주
책임 마케팅 | 임슬기, 정재영, 박혜연

발행처 (주)시공사
출판등록 1989년 5월 10일(제3-248호)

주소 | 서울시 서초구 사임당로 82(우편번호 06641)
전화 | 편집(02) 2046-2844 · 마케팅(02) 2046-2800
팩스 | 편집 · 마케팅(02) 585-1755
홈페이지 www.sigongart.com
ISBN 978-89-527-3634-5 03680

이 도서의 국립중앙도서관 출판예정도서목록(CIP)은 서지정보유통지원시스템 홈페이지
(http://seoji, nl, go, kr)와 국가자료공동목록시스템(http://www. nl, go, kr/kolisnet)에서
이용하실 수 있습니다. (CIP제어번호: CIP2019026534)

S|DUS

싸이더스 애니메이션 스튜디오《레드슈즈》제작사)

국내 최고의 CGI 애니메이션, VFX 기술을 보유한 기업이다. 연간 300여 편 이상의 CF가 제작되는 포스트-프로덕션이고, 국내외 대형 게임사의 게임 시네마틱 트레일러도 제작한다. 《레드슈즈》를 통해 픽사나 디즈니 같은 할리우드 메이저 스튜디오 이상의 고퀄리티 극장용 장편 애니메이션 제작이 가능한 국내 유일의 애니메이션 스튜디오임을 입증했다.

글 정삼성

영화 & 애니메이션 작가로 《서양골동양과자점 앤티크》, 《창피해》 등의 각색을 맡았다. 2016년에 싸이더스 애니메이션 스튜디오에 합류하여 《레드슈즈》의 스토리부터 제작 단계까지 함께하며 각색을 담당했다.

글 곽진영

《레드슈즈》의 제작사인 싸이더스의 콘텐츠 사업 팀 소속으로, 《레드슈즈》의 마케팅 및 홍보를 맡고 있다.

서문 홍성호

30여 년 동안 CG 아티스트로 활동했다. 애니메이션 《에그콜라》의 연출과 《원더풀 데이즈》의 CG 감독을 맡았다. 《레드슈즈》는 그가 각본과 연출을 맡은 첫 번째 장편 애니메이션이다.

서문 김상진

20여 년간 디즈니에서 일하면서 《겨울왕국》, 《모아나》, 《빅 히어로》와 같은 굵직한 작품의 애니메이터이자 캐릭터 디자이너로 참여했다. 《레드슈즈》는 그가 디즈니 이후 국내에서 작업한 첫 번째 작품이다.

추천사 양우석

영화감독이자 만화 작가로 《변호인》, 《강철비》 등의 영화를 만들었다. 《레드슈즈》의 초기 스토리 작업에 참여하며 영화의 중요한 콘셉트를 제시했다.

welcome
To
GOLDEN
GOOSE
avenue

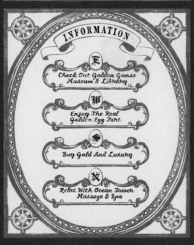

INFORMATION

Check Out Golden Goose
Museum & Library

Enjoy The Real
Golden Egg Tart

Buy Gold And Luxury

Relax With Ocean Tower
Massage & Spa

Dorothy Fashion Shoe

OPEN   DAIRY

Jin

ARE YOU REAI

BANK G

BEST OF THE BEST

TOP BOX
OFFICE

HOLLY
WO

GOLDEN
GLOBES
WINNERS

Golden Cinema Town

Golden goose Main St, 97-1   For your Dress

Madame Soo   &Co

FDEX

I Love
GOLDEN GOOS
Department st
This
Store Is
J.W.LE
Celebrity Sign
May.

NOW SHOWING
MB DASVADER
WHO OWNSDAS?

GOLDEN GOOSE
THEATER

COMING SOON
BESIDE NO. 503
GAKADAS

Shoes   Golden goose St. 59-9

HOTEL
N & OLIVIA

GOLDEN
GOOSE THEATER

STREET
GOLDEN GOOSE

GOLDEN
GOOSE

WEST
PLAZA

STEP MOTHER'S SWEET HOUSE   Souvenir & C

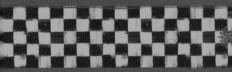

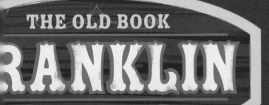